Siegmar Faust

Der Freischwimmer

DER FREISCHWIMMER

Das Ende einer
Jugend in Dresden

ANITA TYKVE
VERLAG

CIP-Kurztitelaufnahme der Deutschen Bibliothek:

Faust, Siegmar:
Der Freischwimmer : d. Ende e. Jugend in
Dresden / Siegmar Faust. – Böblingen :
Tykve, 1987.
ISBN 3-925434-05-4

Reichenberger Straße 61, 7032 Sindelfingen,
Telefon: 07031 / 35436

Herstellung: Goldener Schnitt, 7573 Sinzheim
Satz: F. W. Wesel, 7570 Baden-Baden
Druck und Bindung: Druckhaus Beltz, 6944 Hemsbach

ISBN 3-925434-05-4

gewidmet meinen jugendfreunden

Michael Schöne, Gottfried Stets,
Georg Frank,Volker Clausnitzer, Klaus Jugelt,
Dietrich Gnüchtel,Wolfgang Hilbig,
Gert Neumann, Michael Flade (†)
und meiner ersten frau Hanna-Rose.

Camerado, this is no book,
Who touches this touches a man,
(Is it night? are we here together alone?)
It is I you hold and who holds you,
I spring from the pages into your arms —
decease calls me forth.

Walt Whitman

Vorstellung

Peng!
Ein knall, ein origineller eröffnungszug, eine kühne wendung, eine wuchtige schlagzeile . . . das opfer ist gefesselt, sperrt den mund auf und . . .
Nein! Solche leser mag ich nicht!

Ich setze niemandem etwas vor.
Ich sitze hier und denke: was wäre wenn . . . ich zum beispiel ein buch schreiben würde.
Einfach drauflos, ohne vorbereitung, ohne grundidee, ja sogar ohne fabel, ohne helden; einfach spontan drauflos . . .
Aber ich habe mir sagen lassen, daß es sich bescheidener ausnimmt, wenn man . . .
Trotzdem: sobald man zur feder greift, mit dem unbedingten, aber unbestimmten willen, etwas zu schreiben, fragt man sich selbst zuerst: na, welche tarnkappe empfiehlt es sich denn beim gegenwärtigen klima aufzusetzen?
In welcher rolle sollen wir die welt beschaun?
Als clown, als parteisekretär, als naivling, als Oskar, als kriminalkommissar . . .?
Doch: ich bin ich! Nun, in etwa. Zugegeben: wenn ich zum beispiel einen blick an mir selbst herunterlote, sticht mir etwa auf halber höhe eine kleine ausbuchtung in die augen, und da stelle ich mit gewisser beklemmung fest, daß mein ich gar nicht so astrein ist. Dieser parasit an meinem sonst makellosen körper erhebt (und er erhebt sich oft!) anspruch auf ein eigenleben.
Natürlich bin ich der überzeugung, über die zeugung hinaus die bedeutendere, auch die repräsentativere rolle im leben zu spielen. Aber die revolutionen von unten sind die gefährlichsten.
Ansonsten bin ich ein aufrechtgehendes geschöpf, dessen hände nicht nur organe der arbeit, sondern auch ihre produkte sind. Sollte weiterhin von meinem ich die rede sein, so bitte ich, das alles mit in betracht zu ziehen.

Weiterhin, daß ich mich aus etwa 208 knochen konstituiere, daß sich meine körpermasse aus ungefähr 40 l wasser und 21 kp festland zusammensetzt, und schließlich wäre noch erwähnenswert, daß meine zehennägel tagtäglich je 0,05 mm zuwachs erhalten. Erläuterung: größe und gewicht des gehirns sagen nichts über die intelligenz aus.
Jetzt kommt der springende punkt: wäre ich vollkommen in ordnung, würde ich nicht, müßte ich nicht: schreiben zum beispiel.
Diagnose: anmaßende minderwertigkeitskomplexe.
Wirkt sich zum beispiel so aus, daß ich um nichts in der welt nichts in der welt richtig ernst nehmen kann.

Bin ich meines vaters sohn?

Mein vater ist nicht mein erzeuger und mein erzeuger ist mir nie vater gewesen. Für meinen erzeuger empfinde ich keinerlei dankbarkeit. An mich hat er gewiß nicht gedacht, als er sich mit meiner mutter vergnügte. Bestimmt hatte sie damals einen schönen rosenmund.
Heute hat meine mutter außer mir noch eine tochter, einen ehemann und einen schönen volksmund . . .

Bin ich ein kind meiner zeit?
Ich habe mir weder jahrhundert noch erdteil, weder geschlecht noch soziale lage aussuchen dürfen, also bin ich meiner zeit auf gedeih und verderb ausgeliefert.
Bin ich mir dessen bewußt? Bin ich? Ich?

Ich versuche es wie Günter Grass und *„beginne weit vor mir; denn niemand sollte sein Leben beschreiben, der nicht die Geduld aufbringt, vor dem Datieren der eigenen Existenz wenigstens der Hälfte seiner Großeltern zu gedenken.“*
Zum glück weiß ich nur etwas über die männliche hälfte meiner großeltern, weil ich mich persönlich an keine meiner großmütter erinnern kann. Weiß nur, die mutter meiner mutter soll ein jahr nach dem 2. großen krieg buchstäblich verhungert sein, während die andere großmutter im jahr der hochzeit ihres eigenen sohnes, nämlich als er mich adoptierte, starb.
Ich war gerade vier jahre alt.
Auch von dem großvater väterlicherseits hab ich nicht allzuviel in erinnerung. Er soll eine seele von mensch gewesen sein. Ich weiß nur noch: als er zwei jahre später seiner frau ins doppelgrab folgte, lief fast die gesamte nachbarschaft des grauen miethauses zusammen und brach mitten im treppenhaus in tränen aus.
Bliebe noch mein großvater Ferdinand. Den werde ich wohl nie vergessen. Nicht etwa, weil er mein leiblicher großvater war, sondern . . . nur so, weil er vielleicht am längsten lebte,

etwa bis zu meinem dreizehnten lebensjahr. Daß er eine sehr originelle type war, daß er auf künstler machte, Casanova war, lebemann, verarmtes bürgertum und so, das wage ich erst heute auszusprechen, indem ich nur nachsage, was die anderen von ihm behaupteten.
In einer nahe der Elbe gelegenen vornehmen gegend Dresdens unterhielt er ein fotoatelier.
Als großvaters visitenkarte konnte sein schaukasten gelten, der, unweit einer straßenbahnstation angebracht, wiederholt anlaß zu öffentlichen ärgernissen gab. Man muß sich vorstellen: in den fünfziger jahren hängt da jemand unter anderem zwei aktfotos in den öffentlichen verkehr. Animiert sozusagen mitten im öffentlichen verkehr zum öffentlichen verkehr. Der begriff „bürgerliche dekadenz" war wohl das schlagendste argument, womit die behörden meinen großvater zum umdekorieren veranlassen wollten. Aber Ferdinand machte sich lustig über derartige schreiben; konnte er doch nachweisen, als bei ihm zwei herren mit einem besonderen ausweis vorsprachen, daß jene zwei aktfotos – man höre! – reproduktionen berühmter gemälde der ebenso berühmten dresdner gemäldegalerie waren.
Aber eines tages wurde dem schaukasten die dünne scheibe eingeschlagen, und so verschwanden sämtliche bilder.
Man könnte das durchaus symbolisch sehen, ich meine die zurücknahme der äußerlichen, gewaltsam zerstörten seite meines großvaters in seine große, wirklich ungewöhnlich große, unerforschliche dunkelkammer, in das innere, in das wesen dieses handwerkers, künstlers, geschäfts- und lebemannes.
Seine dunkelkammer war tatsächlich größer als der raum, in dem die leute ihre gestellten aufnahmen machen ließen.
Auch jener raum, wo die geschäftlichen dinge abgewickelt wurden, wo sein schreibtisch stand, wo vor den zwei fenstern die zwei retuscheure arbeiteten, war kleiner.
Einzig der vorsaal, der mit seinem parkett und dem klavier auf dem podest einem tanzsaal glich, war der dunkelkammer quadratmetermäßig überlegen. Im zweiten stock dieser vernachlässigten villa befanden sich die wohnräume. Seine frau nannte ich tante Hilde, denn sie war nicht meine richtige großmutter, sondern Ferdinands dritte frau. Sie hatte sich

um ihre sieben halb- bis dreiviertel-erwachsenen kinder, also um meine vier onkels und drei tanten zu kümmern und konnte in den geschäftlichen dingen, die unten vorgingen, kaum mitreden. Daß da unten etwas vorging, das wußte jeder. Was da unten vorging, wußte keiner. Um so mehr wurde darüber geredet und gerätselt, denn schließlich hatte großvater innerhalb von zwei jahren schon die dritte junge laborantin eingestellt. Und die große dunkelkammer mit einem großen sofa und rotlicht, nun, für mich war das zwar auch alles irgendwie geheimnisvoll, aber keinesfalls so verdächtig wie den erwachsenen. Manchmal sollte ich für tante Hilde spionageaufträge erfüllen, aber ich hielt zu meinem großvater und weihte ihn jedesmal in meine aufgaben ein. Das war vielleicht auch der grund, warum ich als einziger neben der laborantin zugang zu seiner dunkelkammer hatte. Dort drinnen war ich zu gern. Es roch so undefinierbar nach hexenküche, nach mysterium. Unter dem roten schein einer gespenstischen beleuchtung mußte unschuldiges papier in einer sogenannten entwicklerschale gestalt annehmen, mußte farbe bekennen, zumindest im bereich der schwarz-weiß-skala, und konnte dann den winzigen augenblick einer zufälligen oder explosiven oder lang vorbereiteten konstellation vorweisen. Dann war man sozusagen im bilde und konnte aha dazu sagen. Eigentlich ermüdet es, bilder von leuten anzugucken, zu denen man keine beziehung hat, dazu im gleichen formatlosen format. Aber dort in der dunkelkammer konnte ich stundenlang dem werdegang solcher bildnisse folgen und lernte recht schnell an der seite meines großvaters, wie man weiß in schwarz und negatives in positives wandeln kann.

Das meiste, was ich in meinem damaligen leben entdeckte, entnahm ich dieser dunkelkammer und diesen fotografien.

Ich sah dort die erste nackte frau, die sich ihre haare unten kämmte. Ich glaube, daß mir dabei etwas zwischen den hosenbeinen gestanden haben muß. Für einen zwölfjährigen zwar keine leistung, aber immerhin; ich kann mich entsinnen, daß ich in diesem alter ziemlich zurückgeblieben war und naiv.

Wenn mich mein großvater los sein wollte, zeigte er mir fotos, die er nach dem bombenangriff auf Dresden aufgenommen hatte. Ich schaute auf trümmer und leichen und leichenberge, aber dann hatte ich zu nichts mehr lust, höchstens, daß ich einen meiner onkel bat, klavier zu spielen. Da konnte ich schon immer andächtig zuhören . . . und wenn großvater mir etwas ganz persönliches zukommen lassen wollte, legte er mir behutsam einen stoß bilder vor, die ich aber kaum anfassen durfte. Damals fühlte ich mich veralbert von seinen expressionistisch angehauchten grafiken. Seine malerei konnte mir schon besser gefallen: die bilder waren so bestechend bunt.

Seine laborantin arbeitete nur vormittags.
Nach dem mittagessen verzog sich großvater in seine dunkelkammer und hielt dort seinen mittagsschlaf. Wenn ich kam, mußte ich auf eine besondere art anklopfen; großvater Ferdinand drückte auf einen knopf, ohne sich von seinem sofa aufzurichten, die tür summte, und ich konnte sie öffnen. Wenn ich mich an die dunkelheit gewöhnt hatte, sah ich, wie er neben sich auf eine ablage griff und eine weinflasche zum mund führte. Er trank jeden tag eine flasche wein. In seiner umgebung war er als säufer verschrien. Aber ich kann bezeugen, ihn niemals betrunken, ja nicht einmal angetrunken erlebt zu haben.
Gegen fünfzehn uhr stand er auf, machte einen rundgang durch die untere etage, gab seinen zwei angestellten den rat, sich nach und nach auf den feierabend vorzubereiten, der eigentlich erst um siebzehn uhr begann. Dann ging er pinkeln und kam wieder in seine dunkelkammer zurück, stellte sich vor das vergrößerungsgerät oder pantschte ein bißchen in den entwicklerschalen herum.
Dabei begann er sich auf eine recht merkwürdige, aber mich faszinierende art zu unterhalten. Irgendwie bezog er mich in sein halblautes selbstgespräch ein, aber nur indirekt. Wenn er fragen an mich richtete, gab er sich die antwort stets selbst. Noch heute wundere ich mich darüber, wie bedächtig, wie gebannt ich den monologen des alten mannes, von dem mir das meiste unverständlich war, zuhören konnte, während ich in der schule wegen meiner unaufmerksamkeit oder wegen meines unbeherrschten temperaments oft getadelt wurde.
Manchmal versuchte er, sich zu rechtfertigen: „. . . man kann sich sowieso nur mit freunden einigermaßen verständigen. Meine freunde sind umgekommen . . . um-ge-kommen . . . ja-

ja . . . was mich jetzt umgibt, sind quacksalber, saufkumpane, arschlecker, geschäftsleute . . . fremde, alles fremde . . . Man hat zu tun, damit man sich selbst versteht. Und das ist wichtig, kleiner, merk dir das . . . man muß sich jederzeit selbst verstehen. Hauptsache ist, man belügt sich niemals . . . das wäre aufgabe, selbstaufgabe . . .
Und was ich noch sagen wollte: steine sind hart, hart . . . jawohl, steine sind hart . . .“
Wie gesagt, ich verstand von alldem nur wenig. Aber im unterbewußtsein ist mir allerhand haftengeblieben. Ich sehe ihn noch, wie er mir, langsam herumhantierend, seine vorlesungen, seine mystischen predigten hielt. Über allem die dunkelrote glühbirne. Die haarsträhnen hingen ihm in die stirn und fielen ihm in den nacken; seine augen konnten streng in den augenhöhlen funkeln, aber meistens schauten sie gütig, melancholisch drein, und dem ende zu blickten sie oft traurig und müde ins irgendwohin.
Sein ende fand großvater Ferdinand natürlich in seiner dunkelkammer. Er öffnete mir nicht. „Laß ihn mal lieber schlafen, dein opa ist krank“, sagte seine älteste tochter und zog mich ans klavier. Aber ich konnte ihrem rhythmus diesmal nicht folgen; in mir schlug jemand den takt des klopfzeichens. Sie spielte etwas lustiges, und ich weinte. Dann klopfte sie für mich an die tür. Schließlich rief sie ihren bruder. Der öffnete die tür gewaltsam. Alles, was im hause war, lief herbei: erschrak und tat entsetzt . . .
„Naja“, sagten die einen, „es ist schon besser so. Er war ja gar nicht mehr richtig da.“ Dabei tippten sie sich an die stirn. Das machte mich wütend. „Naja“, sagten die anderen, „er hat sich halt zu tode gesoffen. Er hätte bestimmt viel älter werden können . . .“ In der leichenhalle dann, vor seiner bahre, blickte ich mit verachtung auf die flennenden verwandten. Meine mutter weinte nicht. Mein vater stand vor einer peinlichen angelegenheit. Er kannte seinen schwiegervater nur vom tage der hochzeit. Ich fand, er hatte hier nichts zu suchen. Und auch, daß Dieter, mein 18jähriger onkel, seine freundin mit hierherschleifen mußte, kam mir zuerst albern vor. Aber: die konnte sogar weinen. Ich mußte mir eingestehen, ihr standen die tränen ausgesprochen gut. Überhaupt: sie war das einzige erfreuliche und ansehenswürdige

geschöpf in dieser runde. Während der feierlichkeiten zu ehren des verstorbenen machte ich mich an Dieter und seine geliebte heran. Ich war fest entschlossen, sie ihm abspenstig zu machen. Eva-Maria, genannt Evi, paßte gar nicht zu Dieter, entschied ich. Eines schönen sonntagmorgens klopfte ich mein klopfzeichen an ihre tür.
„Hallo? mal'n moment bitte!", hörte ich hinter der tür ihre stimme. Dann öffnete sie einen spalt breit, war erstaunt, sagte aber: „Ach du bist's, komm rein, ich hatte gerade gebadet." Ihre haare hingen naß und strähnig herab. Sie steckte in einem grellroten bademantel, auch ihre zehennägel waren rot lackiert. Sie lächelte mich an. Irgend etwas in mir galoppierte.
„Na, was sollst'n ausrichtn?"
„Nichts." „Nichts? Wieso, kann Dieter nicht kommen?"
„Mich hat niemand geschickt, ich bin ganz privat hier." Sie kicherte und sagte: „Ach gott, das find' ich aber nett."
Sie schob mich auf die schwarze couch, hielt mit einer hand ihren bademantel zu, stellte eine obstschale auf den tisch, legte eine angerissene packung kekse dazu und entschuldigte sich für einen augenblick. Draußen heulte dann ein mir unbekanntes küchengerät auf, aber es konnte auch ein fön gewesen sein.
Schließlich kam sie wieder herein, stellte einen spiegel vor sich auf den tisch, kramte aus einer kiste lockenwickler heraus und begann sich kosmetisch zu bearbeiten.
Ihr bademantel klaffte auseinander und ich hätte bestimmt allerlei sehen können, aber ich wagte nicht, meinen blick von ihrem gesicht abgleiten zu lassen. Während sie plauderte und lächelte, hätte ich wie ein bonbon auf ihrer zunge zergehen mögen. Ich war wahnsinnig in ihr gesicht verliebt. An das andere dachte ich gar nicht. Ich sah sie unentwegt an; sie betrachtete sich im spiegel und sagte: „Ach, und ich kriegte schon einen schreck. Ich dachte schon, es klappt was nicht. Wir wollen nämlich heute ins theater. Nett, daß du mich besuchen kommst. Bei mir ist niemand zu hause. Meine mutter hat dienst. Ich bin so aufgeregt. Ich war nämlich noch nie im theater. Naja, früher mit der schule. Aber heute gehn wir ins opernhaus. Ich kann mir den titel nicht merken. Mit la fängts an. La-tra-ida oder so ähnlich. Von Verdi. Kennst du Verdi? Ich finde das wirklich nett, daß du mich besuchen

kommst. Na, was macht die schule? Was willst'n mal werden?"
„Fotograf vielleicht", erwiderte ich verlegen.
„Ach, warte mal, jetzt kommt doch die teenager-hitparade, bald hätten wir was verpaßt. Hört ihr daheim auch radio Luxemburg?"
„Ja-ja" antwortete ich schnell, während sie an mir vorbeihuschte, um das radio anzustellen. Ein bezaubernder seifengeruch beschäftigte meine sinne.
„Oh, jetzt muß ich aber schnell machen. Meine mutter kommt gleich, und ich habe noch keine kartoffeln geschält."
Als sie ihre mutter erwähnte, bekam ich es mit einer undefinierbaren angst zu tun. „Ich muß gehen", sagte ich wider meinem innigsten willen. „Nun ja" sagte sie, „ich hab mich gefreut, daß du da warst. Komm doch mal wieder." Das klang mir echt und ehrlich. Sie strich mir zum abschied über mein haar und sagte: „Du wirst bestimmt mal ein scharfer mann. Tschüß!"
Von diesem tage an hatte ich nur noch eins im sinn: männlich und scharf zu werden . . .

Wir waren ja schließlich auch mal jung!

Mein vater fummelt am schlüsselloch herum. Er scheint einen in der krone zu haben. „Komischerweise erlaubt er sich das nur, wenn mutter auf zweiter schicht ist“, sagt meine schwester und schaut mich an, als müßte sie ihn bei mir entschuldigen. Ach, was weiß sie schon von ihrem vater, von ihren vätern . . . Was doch fünf jahre altersunterschied alles verbergen oder in einem anderen licht erscheinen lassen können.

Vater brummelt im vorraum vor sich hin. Meine schwester geht ihm ungeduldig entgegen: „Also, das paßt ja wieder mal prima! Wir haben nämlich besuch.“ „Besuch? — so-so-so . . .“ Vater tritt herein, bleibt schräg im türrahmen stehn, putzt erst seine brille, setzt sie auf und: „Ach, unser Ferdinand! . . . unser Ferdinand läßt sich auch wieder mal bei uns sehn . . .“

Damit war alles entschieden. Ferdinand war vaters kosename für mich.

Vater reichte mir seine kräftige hand und umhüllte mich mit einer dunstfahne. Wir drückten unsre köpfe aneinander; über zwei jahre hatten wir nicht mehr so gestanden. Es schien, als wollten wir das jetzt nachholen. Meine schwester sagte: „Setzt euch doch!“ Vater mochte an die heimkehr des verlorenen sohnes denken und lächelte; ich mußte an die verlorenheit des heimgekehrten sohnes denken und lächelte ebenfalls. Meine schwester lächelte auch. „Mutti kommt gleich. Die wird sich aber freuen“, prophezeite sie.

Dann war ich an der reihe, irgendwas zu sagen, irgendwas nettes, allgemeines, damit das wiedersehen nicht schon wieder einem abschied gleichen konnte.

Vater sagte: „Ach-ja . . . ach-ja“. Ich sagte bloß „Ja“ und wiederholte das ebenfalls und nickte genauso bedächtig wie er. „Na“, sagte er gewichtig, „na“ wiederholte ich, „so mit schlips und weißem kragen?“

„Tja, mein lieber, daran mußte ich mich gewöhnen. Das gehört dazu.“ Weiter sagte er nichts. Dabei hoffte ich, daß wir so ins gespräch kommen könnten. Aber vater lächelte nur. Bescheidenheit? Oder das zufriedene lächeln eines siegers, der sein ziel erreicht hat? . . . Vor zwei jahren hätte ich ihm schon gern so ein selbstsicheres lächeln gegönnt. Da saß er verbissen über seinen büchern und keiner durfte einen mucks sagen oder gar das radio anstellen.

Ja, damals! „Weißt du noch . . .“ Und über dieses weißt-du-noch kamen wir bald in ein frage-antwort- und erinnerungsspiel, während meine schwester reichliches zum abendbrot auftischte.

So ist das nun mal: ohne historisches verständnis kann man sich nicht richtig in seine zeit, in seine gegenwart einordnen, aber das wort verständigung ist kein eindeutiges; verständnis kann auch als forderung mit augenzwinkern erzwungen werden.

Vater zwinkerte mir zu und meinte, es wäre ja nun alles wieder gut. „Aber“, sagte er und zwinkerte mir zu, „wir haben ja durchaus verständnis. Wir waren ja schließlich auch mal jung . . .“ „Aber“, fuhr er fort, „Mutter meint, du würdest das später bestimmt bereuen. Immerhin zwei verlorene jahre . . .“

„Na ja, so ernst meint mutti das auch nicht“, warf meine schwester ein. Sie blickte mich verständnisvoll an, so viel bedeutend wie: ich vertraue dir.

„Tja, Ferdinand, das du mußt selber wissen. Du bist alt genug. Du bist nun verantwortlich für alles, was du tust, ist schließlich deine hochzeit. Wir haben dir nichts in den weg gelegt. Du hättest alle möglichkeiten nutzen können, die man euch heute bietet.“

„Also, Vati! Mit zwanzig jahren ist doch noch nichts zu spät“, warf meine Schwester energisch ein.

Das gespräch geriet ins stocken. Ich langweilte mich schon wieder. Ich hätte gleich wieder meine koffer packen können, und ab in die welt, das fürchten zu lernen . . .

Aber man kann im leben nicht zweimal den gleichen schritt tun, ohne, wie in meinem fall, in verruf zu geraten, ein vagabund zu sein.

Das will ich meinen eltern nicht antun. Ansonsten halte ich nicht viel davon, was die leute schwatzen. Über mich könnten sie kübelweise schmutz ausschütten. Ich hab' da ein dickes fell. Schließlich weiß ich ja selbst, wer ich bin, hm, natürlich nicht ganz genau. Ich glaube nur manchmal zu wissen, was ich nicht bin. Aber das genügt unseren erziehern nicht. Für lehrer und eltern ist das kein meßbares ergebnis. Meßbar ist, was man in einen fragebogen eintragen kann: parteizugehörigkeit, berufliche qualifizierungen, akademischer grad, auszeichnungen usw. Aber wenn man sich ganz bewußt als suchenden ausgibt, also als einen, der sich mit zwanzig jahren noch nicht festnageln lassen will und sich demzufolge noch in keine laufbahn eingeordnet hat, werden vorgesetzte mißtrauisch, eltern traurig und lehrer wundern sich.

Bisher hatte ich noch immer genügend fantasie, um sprichwörter, lebensmaximen und literarische vorbilder für meine lebenseinstellung sprechen zu lassen. Geläufigste rechtfertigungsformel: was lange währt, wird gut. Geriet ich mal an einen, der meine argumente widerlegen konnte, sagte ich mir: Ja, so ist nun mal das leben. Es gibt viele splitterwahrheiten, die man mitunter gegeneinandersetzen kann. Letztlich hilft man damit nur, die große wahrheit zusammenzusetzen. Stein auf stein oder stein gegen stein; das ist nur eine frage der definition. Mancher mag sich über meine sicherheit wundern und insgeheim denken: Mensch, der gibt aber an, ohne bisher was geleistet zu haben. Ohne was geleistet zu haben? Das stimmt nicht ganz. Zugegeben: die drei im abi war keine leistung. Aber die schuldigen vieren in mathe, fysik und chemie überzeugen nun jedermann, daß es sinnlos ist, mich für einen technischen beruf zu werben.

Und sich anschließend zwei jahre auf großbaustellen, im kraftwerk und in der landwirtschaft herumzudrücken (rein aus neugier und lebenshunger!), das ist doch auch keine leistung, oder? Aber was ich mir als leistung anrechne, ist, daß ich mich überall, wo ich hinkam, ziemlich schnell zurechtgefunden habe. Nirgends wollte man mich weiterziehen lassen. Überall konnte man mir eine perspektive bieten. Ich kann auch mit gutem gewissen sagen: Überall, wo ich arbeitete, hatte ich mir mühe gegeben. Das konnte ich während meiner schulzeit weißgott nie behaupten.

Und dreimal sprachen mich genossen an . . . daß ich zu ihnen gehören würde und so. Jedesmal beteuerte ich meine verbundenheit, und trotzdem füllte ich keinen antrag aus. Ich konnte verstehen, daß sie das nicht verstehen konnten.
Unterdessen malmte die kinnlade, rührte der löffel den zukker im tee um. Vater setzte die bierflasche an. Er verachtet tee und gläser. Und überhaupt: „Komm du erst mal zu den soldaten."
Ach ja, vater, ich weiß, als du so alt warst wie ich: An der front wehte ein andrer wind. Ja, ja, ich kann's nachfühlen. Vom nachfühlen bekommt man noch keine hornhaut auf das, was manche seele nennen. Dein erstes liebeserlebnis zum beispiel auf einer halb vergewaltigten, halb willigen russin, über die zuvor die ganze truppe gestiegen war. Du warst als jüngster zuletzt dran . . . Ja, was ich alles weiß von dir. Du hast es mal erzählt in kunterbunter stimmung unter kollegen. Ich war ja noch klein. Mich hatte keiner für voll genommen, aber gemerkt hab ich mir so manches, so manches.
Jetzt prostest du mir freundlich zu. Sagst „Aber", meinst, du hättest für uns durchaus verständnis und behauptest: „Wir waren ja schließlich auch mal jung." Na, denn prost! Auf dein lächeln, dein angekommensein, deinen trostpreis.
Mit 48 jahren werde ich bestimmt auch kein suchender mehr sein. Da weiß ich sicherlich genau, wer ich bin, und werde etwas handfestes, etwas begreifbares für das ewig gesuchte und für das gut befundene halten. Ach, vater! Ich bin dir trotzdem dankbar für jede ohrfeige und für jedes verbot, das du mir erteilen mußtest. Heute sitzen wir uns als zwei gleichberechtigte gegenüber: zwei erwachsene vertreter zweier generationen. Tolerant und fröhlich. Ideologische koexistenz ohne politische folgen. Ohne?

„Mutti kommt!" rief meine schwester. Viertel vor dreiundzwanzig uhr. Das war mutter: „Ach, du meine güte!" Sie fiel mir um den hals und wollte ihren kopf gar nicht wieder von meiner schulter nehmen. Bestimmt ihrer tränen wegen. Tränen — mir war zum lachen zumute. Ich lachte auch: ein kräftiges männliches lachen. Vater stimmte in gleicher frequenz ein. Bloß meine schwester schaute mich vorwurfsvoll an: wie kann man lachen, wenn jemand weint?

„Ach, ich bin dumm", sagte meine mutter und versuchte ebenfalls zu lachen, aber es wurde nur ein lächeln mit seufzern.
„Ich freue mich ja bloß, daß die familie wieder mal beisammen ist", sagte mutter und stellte einen eierkuchen auf den tisch.
Im familienkreis herrschte freude, im lande frieden.
Kurz gesagt: friede-freude-eierkuchen!
Ich weiß, daß ich undankbar bin.
Manchmal sehe ich das ein.
Ach, vater! Du wolltest mich aufziehn wie deinen eignen sohn. Nun bin ich aber nicht ganz nach deinen wünschen geraten . . .
Schieben wir es meinen fremden erbanlagen zu, damit der verdacht nicht aufkommt, du hättest dir bei der erziehung keine mühe gegeben.
Ansonsten halte ich nicht viel davon, was die leute sagen.
Die leute machen sich die komischsten gedanken und verknüpfen winzigste einzelheiten zu interessanten querverbindungen, die manch seltsames gerüchtsgebäude umzäunen:
„Frau Lehmann, was war denn gestern bei ihnen im hause los? — Ach ja, über uns — bloß 'ne feier — silberhochzeit? — nee: volkshochschule: fernstudjum: inzjative: abschlußfeier — Achnee: wie nennt er sich denn nun? — inschneur — aha: deshalb: so mit schlips und weißen kragen — Tja, daran muß man sich heute gewöhnen — ham wa uns schon — früher in unserm viertel undenkbar: also mein mann hat ja gestaunt: mit 42 jahren noch ma uff de schulbank — nun hat ers geschafft — das freut mich aber — Um wen gehts denn? — achso ja-ja — und fuffzehn jahre in der knochenbude ausgehalten — und ooch zwee kinder — und sein großer studiert wohl? — nee? — na, der war doch so alt wie mei kleener: na, und meiner studiert schon übers jahr — also von seinem sohn weiß man ja nichts genaues — den sieht man aber auch gar nich mal — bei der armee ist er aber auch nich — also, seine schwester sagte ja mal, er wäre irgendwo aufm bau — vielleicht im bau? —"

Vater entkorkte eine flasche wein, schenkte ein und sagte: „In vino veritas."

Na, denn prost!
Mutter zwinkerte mir zu und meinte, es wäre ja nun alles wieder gut. „Aber“, sagte sie und zwinkerte mir zu, „wir haben ja durchaus verständnis. Wir waren ja schließlich auch mal jung . . .“ „Aber“, fuhr sie fort, „Vati meint doch, du würdest das später bestimmt mal bereun. Immerhin zwei verlorene jahre . . .“ Meine schwester verkniff sich eine bissige bemerkung und winkte ab. So viel bedeutend wie: ach, laß die alten doch reden.
Ich sah mich auch nicht veranlaßt, irgendwelche erklärungen abzugeben, warum ich damals usw.

So begann ich einfach zu erzählen von interessanten – was heißt interessanten? – jedenfalls von begegnungen, von konflikten, die nicht in den zeitungen stehen, von begebenheiten, bei denen ich selbst augenzeuge war, und schließlich beschrieb ich verschiedene orte, betriebe und arbeitsplätze, um letztlich namen zu nennen von kollegen, freunden, wirtinnen und vorgesetzten und einem mädchen.
„Hanna“, wiederholte dann meine schwester verlegen, und alle schauten mich bestürzt an.
„Ja, Hanna“, gab ich zu und keiner konnte etwas erwidern.
„In vino veritas“, wiederholte ich vaters trinkspruch etwas unsicher. Trank mir noch einen schluck mut an und wandte mich vater zu: „Na, vater, was würdest du sagen, wenn ich dich in kürze zum großvater qualifizieren würde?“
In der nebenwohnung schlug eine wanduhr. Ich starrte die weinflasche an. An ihr spiegelte sich mutters gesicht in überdimensionaler länge wider.
„Tja, Ferdinand“, hob vater an, „du mußt das selber wissen. Du bist alt genug. Du bist nun verantwortlich für alles, was du tust. Wie du dir dein leben einrichtest, ist schließlich deine hochzeit. Wir haben dir nichts in den weg gelegt. Du hättest . . .“
„Ja, immer dieselbe platte!“ fiel ihm seine tochter ins wort.
Darauf meine mutter: „Du bist ungezogen. Was ihr euch heute so erlaubt!“
Mich mit traurig-ernstem gesicht anblickend, fragte sie: „Junge, willst du dir denn deine ganze zukunft vermasseln?“

„Wie-wies-wieso denn?“ tat ich entrüstet, „in diesem land hier kann man doch gar nicht untergehn“, posaunte ich dann großspurig heraus. Vater nickte mir ironisch zu und sagte: „Ach, Ferdinand, ich dachte du wärst nun etwas klüger geworden.“
„Wieso denn“, versuchte mich meine schwester zu verteidigen. „Er ist wenigstens mal rausgekommen aus unserem nest hier. Ihr spart schon zwei jahre lang, damit wir mal ans Schwarze Meer fahren können . . . aber was bei uns im eignen land vorgeht, das kriegen wir gelegentlich mal beim fernsehen mit.“
„So, ihr werdet wohl in der schule nicht auf dem laufenden gehalten?“ fragte vater spöttisch.
Das gespräch bewegte sich von wesentlichen dingen weg. Es verlor sich in kleinen, familiären sticheleien und banalen alltagswitzeleien. Ich wurde müde.
Mutter merkte es mir an und mahnte zum schlafengehen.
„Lerne, sei fleißig und leiste was! Dann kannste, haste, biste was.“ Damit wünschte mutter mir eine gute nacht.
Im kühlen frischen bett wurde ich wieder munter und dachte: ja, so ist das leben. Man ist heimgekehrt, ohne in der fremde gewesen zu sein. Man möchte manchmal weit fort, ohne etwas vergangenes zurücklassen zu müssen. Man möchte alles auf einmal und möchte wiederum auch, daß das leben nie endet.

In meinem kleinen zimmer hatte keiner was verändert. Die vielen reproduktionen von Gauguin und van Gogh klebten noch an den wänden. Ich sah sie nicht, aber ich konnte mir jedes bild deutlich vorstellen. Wenn die sonne wieder da ist, werden mich diese bilder langweilen. Ich werde mir neue bilder suchen, bilder, die ich mir noch gar nicht vorstellen kann. Die gibt es. Das weiß ich.
Dann schlief ich ein. Im traum liefen filme ab. Dokumentarfilme ohne gegensatz zwischen dem, was war, und dem, was sein könnte: . . . Hanna schafft unser kind in die krippe . . . wir wohnen getrennt . . . sie hat eine schöne kleine wohnung . . . ich soll das kind aus der krippe holen . . . der offizier vom dienst gibt mir keinen ausgang . . . ich stelle einen studienantrag . . . die lochkarte verschweigt meinen

wunsch . . . ich werde kein journalist . . . im vorfilm läuft die reklame: werdet lehrer! . . . ich fülle den antrag aus . . . ich fülle anträge aus . . . anträge, anträge träge . . . ich konnte verstehen, daß sie das nicht verstehen konnten . . . lauf dich gesund! . . . ich laufe laufe . . . die fußsohlen kleben kleben . . . im hörsaal acht wird dampf durchgelassen . . . wir schwitzen . . . wir studieren fachrichtung deutsch und geschichte . . . wir schweben schweben . . . nichts greifbares . . . der fallschirm öffnet sich . . . ich lande, du landest, er landet, sie ländern . . . wir landen in deutscher kunstgeschichte . . .

Man möchte sich aufrichten
sich strecken
irgendwo anstoßen
etwas umwälzen ...

Ich wälze mich um und wende mich dem offenen fenster zu

Ich übernachte auf einem stapel zementsäcke in einer baubude, in die ich durch ein angelehntes fenster eingestiegen war.
Als ich erwachte, freute ich mich: nicht schwarz, sondern rosa-optimistisch schimmerte meine zukunft durch das offene fenster. Nur das harmlose fensterkreuz warf einen gespenstischen schatten auf den kalkbestreuten fußboden und erinnerte mich an meine mißliche lage. Aber am morgen erscheint alles so blitzeblank, wie mit „Sidol" geputzt. Es ist alles so hell und klar, so leicht und schwebend, es purzelt sich alles so heiter dahin. Was beginnen? Wie — wo — wann? Wohin mit den energien? Was entzünden an einer guten laute? Wo anwenden die eingetrichterten formeln, lehrsätze und fakten? An vorbilder halten. Van Gogh zum beispiel. Beethoven. Marx—Engels—Lenin—Thälmann — — — — Castro? Ja—ja! Was würde der und derjenige jetzt an meiner stelle tun? Kämpfen, durchbeißen, vernünftig sein, lehre annehmen, auf die eltern hören, bescheiden sein, zugeben, aufgeben, angeben . . . Was tun? Brennende fragen. Tausende möglichkeiten gab's in meiner fantasie. O freiheit, du lähmendes gift! Strohhalm, wo bist du? Es müßte doch einen Gott geben oder einen strengen vater. Irgendeine hilfe.

Plötzlich kreischt ganz in der nähe ein mischer auf. Holzpantoletten klappern heran, ein schlüssel dreht sich im schloß, und aus dem hintergrund ruft jemand: „Paul, bring mal meine schippe mit!". Paul klappert wieder davon und läßt die tür offenstehn.

Ich spucke mir meinen zugeklebten hals frei und will lässig pfeifend von dannen ziehn, aber eine heisere stimme ruft mich an: „He, wen suchst'n du hier?"
Ich hätte jetzt davonlaufen können. Vor mir lag ein offenes zaunsfeld. Aber ich kehre um und gehe auf den anrufer zu. Der bauarbeiter war noch jung und schien mir sofort irgendwie sympathisch, bestimmt nur, weil er lange koteletten und ein bärtchen trug und sich ihm aus dem offenen hemdkragen ein ausläufer seines brustpelzes kringelte.
Ich sage: „Na, ich wollte mich hier nur mal umsehn."
„Wieso, willst du hier anfangen?"
„Ja", sagte ich ganz unvermittelt.
„Schickt dich Wagner her?"
„Wagner?"
„Der kaderleiter."
„Ach, Wagner . . . ja—ja."
„Oder bist du lehrling?"
„Nein, n . . . nein."
„Du hast schon ausgelernt?" fragte er mich skeptisch.
„Ausgelernt? Nein, man lernt nie aus."
„Gut, gut, aber was willst du hier anfangen?"
„Als handlanger."
„So—so, könnten wir zwar noch gebrauchen, aber facharbeiter sind uns wichtiger. Was hast du denn gelernt?"
„Ach, von jedem bißchen was, aber nichts richtig", erwidere ich.
„Was solln das heißen?"
„Nun, was ist denn: kann ich bei euch mal mitarbeiten oder braucht ihr keine leute?"
„Was denn, bist wohl'n kleener gammler? Siehst doch gar nicht so aus."
„Sieht mancher nicht so aus . . ."
„Nun, aber werde endlich mal konkret. Was willst du denn hier?"
„Ich sagte doch schon: ich will mich hier nur mal umsehn."
„Aber hör mal", fuhr er mich an, „so gehts doch nicht! Du kannst doch lesen."
„Ja, ich weiß, eltern haften für ihre kinder . . ."

Nach einer kurzen besinnungspause wird seine stimme milder, und er sagt: „Also gut, wenn du dich wirklich für die baustelle interessierst, werde ich dir mal einiges zeigen und erklären. Ich bin hier brigadier. Habe aber erst nach dem frühstück etwas zeit. Bis dahin . . . ja, was?
Hier, nimm mal 'ne schippe und schmeiß' den haufen kies durch's sieb."
Dann läßt er mich tatsächlich alleine vor dem kiesberg stehn. Ich stochere mit der schaufel drin herum und fluche leise vor mich hin: „Sinnlos . . . arbeitsbeschaffung . . . zeit- und muskelkraftverschwendung . . . edler sport des sandschippens . . . hab ich doch irgendwo mal gelesen . . . jetzt höhnt man noch, aber wenn die handflächen brennen, flucht man ganz schön . . . Hab ich's denn nötig? . . . O du, mein zwanzigstes jahrhundert . . . oh, ich rudiment aus der sandsteinzeit mit oberschulbildung . . . verfluchte schaufel! Blödes sieb! . . . Jeder siebt sich selber luft . . . oh, wie unproduktiv!"
Nebenan heult sich ein mischer aus. Da seh' ich einige gestalten einer baubude zueilen. Frühstück, denke ich mir. Mal sehn, ob die mich hier stehen lassen. Ich strenge mich also jetzt besonders an. Der brigadier kommt bis zwanzig meter an mich heran. Ich tue so, als ob ich ihn nicht sehe, und leg' mich ins zeug. Er beobachtet mich eine weile, dann ruft er: „Frühstück! Komm frühstückn!"
Ich trete in die bude ein und bleibe im türrahmen stehn. Da ruft mich gleich einer an: „Schwarzer, komm hier her! Erich sein platz ist heute frei. Der macht kasse."
Bauarbeiter B.: Na, wieder mal ein neuer hier. Bis du betonfacharbeiter?
Ich: Nee.
Bauarbeiter A.: Hier, nimm!
Ich: Danke, ich hab' mirs abgewöhnt. (Jemand lacht).
Bauarbeiter A.: Achja, ich auch — — schon mehrmals . . . (Lachen und streichholzaufflammen).
Bauarbeiter C.: Du siehst doch, daß wir alle essen. Hat dir deine alte wieder keene bemmen eingepackt? — — —
Na, komm! Nimm schon!
Und du? Wie heißt'n du? Hier haste auch eine. Frischer schinken. Na, zier dich nicht so wie 'ne jungfer. Also freundschaft: Ich bin der Gottfried.

Bauarbeiter D.: Das brauchst du gar keinem zu erzählen, das sieht man doch! (starkes gelächter).
Ich fühle mich schnell heimisch. Mir ist, als gehöre ich der brigade schon längere zeit an. Instinkt der klassenzugehörigkeit. Scheint tatsächlich was dran zu sein.
Aber als sie sich wieder an mich wenden, werde ich sauer. Dabei wollten sie nichts weiter von mir wissen als: woher ich käme, wie es mir geht, wer ich sei und was ich hier will. Ich versuche mit umständlichen worten und redensarten abzulenken. Was nutzt das: einfache menschen kommen immer wieder auf die grundfragen zurück. Denen muß man sich stellen: so oder so . . .
Bauarbeiter B.: Du bist also achtzehn jahre alt und hast keinen beruf? Na, du müßtest mein junge sein!
Ich: Was würdest du mich denn lernen lassen?
Bauarbeiter B.: Du denkst wohl, ich bin altmodisch? Ich würde dir das nicht vorschreiben, aber einen beruf, wo du weiterkommst. Das muß nicht unbedingt auf'm bau sein.
Bauarbeiter C.: Menschenskinder, wo ich so alt war wie du. . . (und geht unter im stimmengewirr).
Dann kommt das übliche, das ich im eigenen familienkreis schon hundertmal vorgekaut bekam. Wie schwer sie es doch früher hatten — — und die heutige undankbare jugend — — dabei stehen ihr alle türen offen . . .
Dann zählen die alten die berufe ihrer kinder auf. Da scheint es in jeder familie mindestens einen diplom- und autobesitzer zu geben.
Dann sage ich ihnen, nur um überhaupt etwas zu sagen, daß ich oberschüler war und ausgerissen sei.
Bauarbeiter F.: ausgerissen, ausgerissen — — hast wohl was ausgefressen?
Ich: Nein. Ich hatte es einfach satt, das halbintellektuelle gekäse. Ich will das leben kennenlernen. Ich hab kein vertrauen mehr zu büchern und lehrern . . .
Das war eine glatte wendung. Ich redete etwas daher und glaubte selbst, daß das die wahrheit war. Junge, junge! Plötzlich war ich ein interessanter fall und hatte fünfzehn mütterliche väter.
Bauarbeiter G.: Was soll denn nun werden?

Bauarbeiter F.: Na, dann erlern' doch einen handfesten beruf und fang bei uns an.
Bauarbeiter K.: Wir verstehen dich. Bei uns hast du's gut!
Ich: (temperamentvoll) Beruf, beruf . . . beruf muß man von berufung ableiten . . . (jemand lacht auf). Ehrlich gesagt, ich habe hier von tuten und blasen keine ahnung, sonst hätte mich die neugier nicht hierher verschlagen.
Bauarbeiter C.: Der appetit kommt beim essen!
Ich: Ja, hunger hätte ich schon, aber ich glaube nicht, daß ich hier irgendwie satt würde . . . Es gibt über tausend berufe. Leute werden fast überall gebraucht, was nützt mir da ein einziger beruf?
Brigadier: Du kannst dich doch qualifizieren!
Ich: Qualifizieren — — ja—ja — — damit man dann überhaupt nicht mehr rauskommt aus einem beruf . . . damit man dann ein ganzes leben dran kleben bleibt und von den anderen dingen im leben überhaupt nichts mitkriegt . . .
Bauarbeiter D.: Kleiner, du spinnst doch!
Ich: Man lebt leider nur einmal. Und da sollte ich mein ganzes leben lang nur eine einzige rolle spielen? Tag für tag?
Bauarbeiter B.: Nur keine sorge, mein lieber, wir haben alle mehrere rollen zu spielen. (stimmengewirr — — — einzelne hervorhebungen wie:
familiäre verpflichtungen — — — ehrenamtliche funktionen — — — interessengebiete — — — zirkel — — — hobbys — — — sportgemeinschaften — — — usw.)
Bauarbeiter H.: Nun sag mal, habt ihr in der schule nichts von sozialer notwendigkeit gehört? Oder hast du da zufällig gefehlt? Glaubst du etwa, wir würden nicht auch mal dies oder jenes kennenlernen, mal dahin, mal dorthin oder mal nach Italien reisen?
Aber es geht eben nicht!
Wir wissen aber auch, warum dies und vieles andere nicht geht. Und deshalb fühlen wir uns auch nicht unfrei in unserer haut und rolle. Wir haben nur etwas von dem, was dir fehlt: einsicht!
Bauarbeiter M.: Dem darfste ooch nisch alles glooben. Der spinnt nämlich ooch ganz scheen. Der will nämlich mal bißl studieren . . .
Brigadier: Kollegen, es ist viertel. Da woll'n wir mal wieder!

Die bauarbeiter gingen an ihre arbeit, und ich machte mich heimlich aus dem staub . . .
Ich schlenderte ziellos durch einsame straßen.
Keine einsicht, sagt ihr, gebe ich selbst zu, ach was, daran kann es nicht liegen, mir fehlt's nicht an einsicht. Ich kann mich in eure rolle einfühlen. Ihr müßt so denken. Und wie ich denken muß, wer kann das verstehen? Ich werde der letzte sein, der das verstehen kann.
Keine einsicht, sagt ihr, gebe ich selbst zu, ach was, mir fehlt's an nichts.
Ich schlendre einem ziellosen ziel entgegen, ich und mein fremdes ich. Der fuß, der auftritt, raum ergreift, kommt von weit hinten, steht, wird überrollt, läßt sich nachziehn, stößt sich vor, plumpst auf ein fleckchen welt, kann es nicht halten, wird wieder überholt, läßt sich vom ehrgeiz treiben: vorwärts, rückwärts, seitwärts, vorwärts . . .
Keine einsicht, das muß man sich vorstellen!
Ich nannte mich mein freund.
Du namenloser, der andre verlacht, der dichtet und denkt, der liebt, protestiert — — — wohin des wegs, mein freund?
Mein linker fuß hatte seinen rechten partner. Sie verstehen es, sich im konkurrenzkampf wechselseitig voranzutreiben. Sie kommen vorwärts. Und du, mein freund? Du mußt auf alle fälle anders vorwärtskommen. Nicht nach sozialistischer konkurrenzmethode. Du mußt schneller vorankommen als deine füße. Das ist klar. Aber wie? Das ist unklar. Macht bitte gar nichts. Du bist ja noch jung, mein freund.
Wenn das alles hinter mir sein könnte; das junge alter und die ungewißheit, die lückenlose ungewißheit und das alte jungsein. Verflucht! Und der magen knurrt wie ein böser hund. Und das geld wird knapp. Das letzte geld aus vaters tasche. Und dann, mein freund?
Ohne aussicht, ohne hoffnung keine einsicht, sage ich, werdet ihr nicht akzeptieren, ach was, daran kann es nicht liegen, mir fehlt nur die aussicht, die aufsicht, der grundriß, der plan. Alles andere ist vorhanden: talent, mut, guter wille und gesundheit.
Ohne einsicht . . .
Wer würde das schon zugeben?

Dresden hauptbahnhof

Anschlußzug nach Riesa—Leipzig—Magdeburg—Stralsund: 5 uhr 36 . . . bahnsteig 17 . . .“

In dem doppelstockzug war es noch finster. Es war ein suchen, tasten, flüstern, rufen, hasten und abschiednehmen.

Auf dem nachbargleis stand in seiner lichterpracht ein zug der Deutschen Bundesbahn und ließ sich wie ein weihnachtsbaum bewundern. Endlich fluteten lichtwellen auf die eigene polstergarnitur. So konnte man überrascht, enttäuscht oder gleichgültig sein gegenüber zur kenntnis nehmen.

Mir saß ein junger mann gegenüber. Irgendwie kam er mir bekannt vor. Er sah aus wie ein bauarbeiter, ein bauarbeiter im sonntagsanzug. Aber ich konnte mich seiner nicht erinnern. Wozu auch.

Langsam, fast feierlich, zog ich, als der zug ebenso langsam anfuhr, aus meinem neuen reiselord ein ebenso neues taschenbuch heraus: „Von der Notwendigkeit der Kunst“.

Ich schlug die beine übereinander, lehnte mich schräg und behäbig in die fensterecke, zog die linke augenbraue so hoch, daß sich meine stirn eine attraktive faltenlegung gefallen lassen mußte, und das augenpaar bohrte sich in das büchlein, welches meine finger auf nasenhöhe hielten, damit die umwelt sehen konnte, ja sehen mußte, womit ich mich beschäftige. Meine augen verbohrten sich aber derart, daß ich nicht über den ersten satz hinauskam, der da hieß: „Die Poesie ist unentbehrlich — — — wenn ich nur wüßte, wozu.“ Dann schaute ich streng über den rand des buches und wollte meine mitmenschen prüfen, ob sie das parodoxon des alten französischen avantgardisten Cocteau überhaupt verstehen könnten.

Aber wie d i e schon dasaßen: lässig träge müde zeitungslesend und ungezwungen.

Ich lächelte plötzlich und erinnerte mich, daß ich mir einmal vorgenommen hatte, immer, was auch kommen mag, natürlich und einfach zu bleiben. Also kramte ich das buch wieder weg, beugte mich vor, stellte ein bein auf das schutzblech des heizungsrohres, stützte auf das erhobene bein meinen arm und in die handschale meinen kopf. Um nun wiederum meine natürlichkeit zu beweisen, hätte ich am liebsten begonnen, mit dem zeigefinger in der nase herumzubohren.

Als ich in Leipzig ankam, begrüßte mich die 800jährige stadt in einem farbenprächtigen festkleid. Ein berühmter kommilitone verkündete anschlägig: *„Mein Leipzig lob' ich mir! Es ist ein Klein-Paris und bildet seine Leute . . .“*

Übrigens wurde ich bald wieder aus Leipzig herausgefeuert, nach einem jahr etwa, nachdem ich mich kulturell ganz schön hervorgetan hatte unter den schüchternen tüten des ersten studienjahres . . . naja, bald wurde auch bekannt, daß ich so etwas ähnliches wie gedichte verfaßte, und ich fand noch ein paar freunde, die ebenfalls gedichte schrieben. Wir taten uns eines tages zusammen, luden im studentenklub allerlei volk ein, aber . . . nein, ich habe wirklich nicht die absicht, in alten, peinlichen geschichten herumzuwühlen, jedenfalls wurden aufgrund dessen zwei studenten, darunter ich, geext, aus den matrikeln der Karl-Marx-Uni ausgemerzt, wegen, nun, wir waren noch nicht würdig, an einer sozialistischen hochschule zu studieren, wir sollten uns erst in der produktion bewähren.

Ich ließ mich im größten betrieb meines heimatkreises dort einstellen, wo arbeitskräfte am meisten benötigt wurden. Die schinderei an einer solchen arbeitsstelle, wo niemand gern arbeiten will, hielt ich nur ein halbes jahr aus — — — aber was soll das ganze dumme autobiografische gefasel, fakt war, daß ich mich in dem betrieb kulturell hervortat, wieder zum studium delegiert wurde, nachdem ich das letzte halbe jahr im gleichen betrieb als sachbearbeiter verbracht hatte, aber jetzt genügt's, ich wollte nur noch sagen, daß mein ehemaliger kommilitone, übrigens ein pfarrerssohn, der ebenfalls geflogen war, und ich, wir trafen uns dann beide zum studienbeginn im gleichen institut wieder. Nur damit keine mißverständnisse entstehen: wir bewarben uns nämlich in der zwischenzeit unabhängig voneinander am Institut für Literatur (ebenfalls in Leipzig) und – kamen beide an.

Damit sich das bild abrundet: wir flogen auch von dort beide. Unabhängig voneinander. Warum? Nun, in der welt ging's zu dieser zeit heiß her, überall in den angrenzenden staaten machten studentenunruhen von sich reden, auch in den sozialistischen freundesländern. Das ist zwar keine antwort, aber ich möchte nicht näher darauf eingehen, weil es nicht lohnt, über banalitäten zu schwatzen. Erwähnenswert wäre vielleicht noch, daß ich den jungen mann, der wie ein bauarbeiter aussah und mir auf meiner ersten fahrt nach Leipzig gegenübersaß, später mal wiedertraf, mit ihm in briefwechsel trat, ihn mal zu mir nach hause einlud, weil er selbst kein richtiges zuhause hatte, ihn als einen abgeknickten, schizofrenen, aber literarisch sehr talentierten, doch von keinerlei erfolgserlebnissen gekrönten menschen kennenlernte. Alles in allem begann in dieser zeit, von der ich in stichworten berichte, meine große auseinandersetzung, der bruch mit meinen vätern, mit dem land und dem staat meiner väter, ob gerechtfertigt oder nicht, das kann ich heute noch nicht entscheiden.

Es mag kindisch erscheinen, wenn sich zwei junge menschen über väter, land und staat beklagen, dennoch: wir taten es. Wir, das sind der junge mann, der wie ein bauarbeiter aussieht, ich und noch andere jugendliche, die uns beistimmten, wenn wir ihnen gedichte vortrugen.

Auf unserer fahne standen gedichte, wie z. B. von Wolfgang Hilbig:

Ansprache an Väter und verlorene Söhne
ihr vorhergehenden die ihr kriege gemacht habt
verlorene generation ihr habt euch wieder
gefunden aber mich habt
ihr verloren

ihr habt euch zu sehr um mich gesorgt verschwindet
aus meinem letzten lager eurem eigenen
leichenzug lauft nach ich brauche
weder nonne noch nachruf wenns
soweit ist ich such mir meinen
heldentod selber aus

ich bin völlig aus unruhe also laßt mich
in ruhe ihr reibungslosen idioten bleibt mir
die ihr die fahnen gefärbt habt vom halse mit
euren tünchtöpfen leckt mich mit
plänen programmen positionen
und parität ich bin der abschaum
der paria der totengräber . . .

Unter solch einer flagge konnte alles segeln, was irgenwie in opposition stand, gerechtfertigt oder nicht.
Der große weltschmerz saß mir tief in den knochen.
Ich bellte in alle winde und schrie meine imaginären väter an: he, laßt mich euer unverdient verdientes geld kassieren oder laßt mich endlich dieses durchgangsstadium passieren! Irgendwas muß doch passieren! Oder ich passe, ich passe meine widersprüche aneinander mit einsicht, trost und ähnlichen allesklebern. Irgendwie muß doch was passieren! Irgendwas liegt in der luft, jeder siebt sich selber luft. In Schilda solls frischen wind geben, wo liegt denn Schilda?
Ich bin atemlos vom luftanhalten, ich stehe sprachlos vor der glatten wortmauer meiner erzieher. Am ende wollen sie das beste für mich und die menschheit, am ende werden nur volkseigene stunden vergeudet wegen mir; am ende sind wir gemeinsam am ende, gemeinsam verfangen in nichtantagonistische wider- und bibelsprüche. Irgendwas muß doch . . .
Noch fallen uns reife früchte auf den kopf und in den dreck, noch fallen sich glatzköpfige weltmeister im namen ihrer länder um den hals und küssen sich: zungenschlag, handschlag, schlag ins genick — — schlag nach, so war es immer. Irgendwas muß anders werden: das klima zum beispiel oder meine sicht — — vielleicht, vielleicht auch nicht. Irgendwas muß doch passieren mit mir, jeder kaderleiter hält mich für ehrlich und gefährlich, keine kläranlage, kein krankenhaus, keine hochschule, keine irrenanstalt, keine schönfärberei, nichts will mich aufnehmen. Irgenwo liegt der hase im pfeffer, irgendwie sitze ich in der klemme, irgendwann bespring ich meinen schatten und befruchte ihn. Irgendwas muß doch passieren!

Es lebe die ansicht ohne aussicht auf einsicht!
es leben alle nichtregistrierten sündenregister!

es leben die heißen längst erkalteten eisen!
es leben die hilflosen helfershelfer!
es lebe das fragezeichen in gestreckter haltung!
es lebe der schlußpunkt in doppelter ausführung:

irgendwas muß ja nun passieren
legt also hand an
an mich — — — — — — zielt:
das unsichere wird ganz sicher getroffen!

Ach—ja, ach—nein, ach—gott, ja—ja, nein—nein, aber—aber, so—so, ha—ha, hi—hi, nicht wahr? genau! aber bitte! o natürlich! Aber jaa—doch! ach gott, das find ich aber nett!
Ihr körper steckte in einem grellroten kostüm. Ihre fingernägel waren ebenfalls rot lackiert. Sie lächelte mich an. Mein herz oder so etwas ähnliches galoppierte. Sie kicherte und sagte: „Ach gott, das find ich aber nett."
Die bedienung stellte zwei bier hin. Wir hatten zwar nichts bestellt, aber ich hob das glas schnell zum mund und nickte dem roten teufel freundlich, gewissermaßen freundlich zu.
Ich dachte mir so: für eine begegnung ist es nie zu früh und nie zu spät. Nirgendwo.
Mein gott, über musik sprachen wir natürlich, über die musik, die neben uns aus der box dröhnte. Musik sagt man so dahin. Man erfindet erklärungen für alles. Sie gab vor, etwas von musik zu verstehen. Sie erklärte mir, was eine synkope ist. Sie lächelte. Sie. Man weiß nie genau, wie es gemeint ist bei musik. Musik irritiert, ich glaube sogar, musik könnte den ganzen weltverkehr durcheinanderbringen. Sie hingegen liebte die musik, hatte musik im blut, unter der bluse, womöglich auch unterm rock . . . Herrjee, mir wird übel, wenn ich dran denke, wozu man musik mißbrauchen kann. Musik klingt aus, verstummt, hallt nach, nein, ich merke, daß es nicht so ist, es ist weitaus komplizierter, es ist ein kompliziertes, nein, ein raffiniertes gewebe, je nachdem auch ein einträgliches gewerbe, aber auf alle fälle ist es etwas schwer zu fassendes, im gegenteil, es faßt, es packt uns.
Na also! So ist das leben. Köpfe an den tischen, vornübergebeugt. Jeder eine welt für sich, und jeder eine goldene biersäule vor sich. Ohne die richtige musik ist das leben öde.

Jeder liebt eben eine andere musik, manche lieben gar die bloßen geräusche. Trotz alledem: Allgemeines gerede ist wertloser als langes schweigen. Wenn doch irgendwo jahrmarkt wäre, da hätte jeder was konkretes im kopf, aber hier ist der raum mit schalem bier und blauem dunst gesättigt. Von der musik, entschuldigen Sie, frollein, von der musik hier halte ich nicht viel, denn das ist keine musik, das ist eine ganz billige befehlserteilung: tanzen Sie! maschieren Sie! unterhalten Sie sich! wandern Sie! pfeifen Sie mit! halten Sie den atem an! wecken Sie auf! schlafen Sie ein!
Danke, danke, ich halte nichts von den zapfenstreichen, den propagandafanfaren, den schmierigen stimmen von baß bis sopran, dem schwulen saxofongeröhre, den elektrischen gongschlägen oder von dem nervösen klaviergehämmer, obwohl man aus einem klavier allerhand herausholen könnte, meine ich, wenn ich Gershwins RHAPSODIE IN BLUE höre.
Aber nichts geht mir über die einfachen, urwüchsigen geräusche. In geräusche bin ich reinweg vernarrt. Ich liebe die verschiedensten laute, vor allem, wenn sie unartikuliert sind. Bloß zu einem begriffs-, befehls- oder informationsträger dürfen sich laute nicht zusammenballen, das kann ich nicht mehr leiden, ich, der vor kurzem noch die worte liebte, die großen worte sogar.
Damals liebte ich auch noch illusionen, die stimuli, die werbesprüche; ich klammerte mich an die reden mächtiger leute, ging vor den aforismen großer denker in die knie, und selbst vor den schlagzeilen örtlicher zeitungen verbeugte ich mich, auch wenn ich zugeben muß, daß mein besonderes interesse mehr den annoncen und todesanzeigen galt, immerhin.
Und wenn ich heute behaupte, ich liebe geräusche, dann ist das wohl übertrieben, denn ich bin vielleicht auf dem wege dahin, aber ich kann zum beispiel die surrogate der geräuschemacher von den echten tönen und den richtigen signalen immer noch nicht unterscheiden. Und wenn ich ganz ehrlich sein soll: auf gemachte verse und auf wortspiele falle ich noch genauso herein wie eh und je. Bloß zu einem feind der prosa hab' ich mich im laufe der zeit entwickelt. Ich bin geneigt zu sagen, daß ich mich vor berichten, ausgemalten erzählungen, dem wiederkäuen historischer prozesse und vor dummen fa-

belkonstruktionen angesehener schriftsteller mehr ekle als vor den widerwärtigsten dingen, die im leben tatsächlich passieren.
Nun möchte ich die Kunst der andeutung, des anregens, des völlig-anders-sehens und der vorurteilslosigkeit erlernen.

Ach—ja, ach—nein, ach—gott, ja—ja, nein—nein, aber—aber, so—so, ha—ha, hi—hi, nicht wahr? genau! aber bitte! o natürlich! aber ja—doch!
Die bedienung stellte zwei bier vor uns hin. Wir hatten zwar gar nichts bestellt, aber ich hob das glas schnell zum mund und nickte dem grauhaarigen freundlich, gewissermaßen freundlich zu. Ich dacht mir so: für eine begegnung ist es nie zu früh und nie zu spät. Nirgends.
Na also. Ja, so ist das leben. Köpfe an den tischen, vornübergebeugt. Jeder eine welt für sich, und jeder eine goldene biersäule vor sich. Ohne die netten gespräche ist das leben öde. Da wie dort. Trotz alledem und gerade deshalb. Das allgemeine gerede ist wertloser als ein langes schweigen. Wenn doch irgendwo was los wäre, da hätte jeder was konkretes im schädel, aber so. Der raum um uns herum ist mit schalem bier gesättigt, und blauer dunst hält alles zusammen. Soll das ein feierabend sein? Im land der dichter und denker? Mitten im sozialismus? Das ist eben realität.
Und vor 1917 soll die realität noch viel trostloser ausgesehen haben, oder? „Wissen Sie, junger mann, 1945 gab es hier überhaupt keine realität. Da war für die meisten alles irreal. Für mich zwar schon etwas früher, und trotzdem . . . Wissen Sie, ich war offizier . . . Aber das können Sie ja gar nicht wissen . . .“
Ich erschrak, weil ich mir jetzt seine lebensgeschichte anhören sollte, aber dann wunderte ich mich zugleich, wie gut sich seine worte in meine vorherigen gedanken einfügten. Aber ich wollte meine ruhe haben. Ist das denn zuviel verlangt? Heute im zeitalter der technik und weltraumhektik? Dieses verfluchte affentheater überall, diese verkitschten filme im fernsehen. Früher diese erhobenen hände — — — heute diese erhobenen zeigefinger überall. Ach, wenn man nur könnte, wie man wollte. Kein mensch sieht noch durch. Dabei könnte das leben so schön sein . . .

„Wissen Sie, junger mann, Sie können gar nicht begreifen, wie schön Sie es heute eigentlich haben . . .“
O jaaa, protestierte ich gelangweilt und suchte seine jacke nach irgendeinem vereinsabzeichen ab, fand aber keins.
Jetzt will er dich beschwören, dachte ich. Jetzt hält er mich für einen unreifen menschen, mit dem man sich nicht vernünftig unterhalten kann.
Zwei bier und einen schnaps hatte ich intus. Ich trinke selten solches zeug. Ich wurde furchtbar müde. Die geräusche und stimmen rückten zwanzig meter weg. Die augen konzentrierten sich verbohrt auf irgendein sinnloses detail. Die hände sogen sich wie ein schwamm voll schwere und wollten hängen und austropfen . . . Meine alte verfassung kehrte wieder, ohne zu wissen woher, ohne zu wissen, wohin sie mich bringen will. Ich war zu jedem widerspruch bereit, aber sagte treuherzig: „Ja, Sie haben recht.“ „Wie bitte?“ fragte er. Ich sagte laut: „Ja, Sie haben die wahrheit gesagt.“
„Seien Sie vorsichtig, junger mann, mit der wahrheit. Wissen Sie, ich sagte Ihnen bisher nur die halbe wahrheit. Und die halbe wahrheit ist bekannterweise schlimmer als eine ganze lüge. Aber mit der ganzen wahrheit kann man nie gleich herauskommen, man muß immer klein anfangen.
Wissen Sie, wenn man die ganze wahrheit immer sofort aussprechen würde und könnte, gäbe es kaum so einen umfangreichen sprachschatz, und überhaupt gäbe es viel weniger berufe, institutionen und abwechslungen. Wissen Sie, schließlich will ja zu der großen wahrheit jeder etwas beitragen. Die sonderbarsten tausendstelwahrheiten werden kontrastreich nebeneinandergesetzt, und von diesem mosaik läßt sich dann die ganze wahrheit, wenn Sie so wollen, ablesen . . .“
Ich wußte nicht, wohin mich sein geplapper führen sollte. Mein gegenüber hatte mich dann noch etwas gefragt. „Bitte?“ fragte ich mechanisch zurück.
Aber jetzt schwieg er eigensinnig.
„Ja, das leben ist nicht einfach“, schob ich ohne überlegung in diese pause hinein.
„Aber junger mann, ich verstehe Sie nicht“, sagte er verwundert. Anscheinend hatte ich etwas völlig unpassendes gesagt. Na und? „Ach, es ist schon gut“, sagte er und winkte der bedienung. Er bezahlte alles und wiederholte noch ein-

mal: „Ach, es ist schon gut . . . Sie sind halt noch ein unreifer mensch."
Ich war schockiert.
Er stand auf, legte seine hand auf meine schulter, und blickte mir wie ein arzt in die augen. Sagte noch: „Bloß gut, daß es unseren staat mit seinen sicherheiten gibt", und verschwand.
„Idiot!" rief ich gekränkt hinterdrein.
Bloß gut, daß ich so naiv bin, dachte ich, bevor ich begann, nachzudenken.

Ach—ja, ach—nein, ach—gott, ja—ja, nein—nein, aber—aber, so—so, ha—ha, hi—hi, nicht wahr? genau! aber bitte! o natürlich! aber ja—doch!
„Bitte sehr, die herrn," sagte die bedienung und stellte zwei pückler mit sahne und zwei kaffee-komplett vor uns hin.
Nie und nimmer hätte ich von mir aus solchen nahrungsmittelkitsch bestellt, aber wenn man dazu eingeladen wird, wäre man ja blöde, wenn man sich's verkneifen würde.
Mein spendables gegenüber gehörte zu den typen, mit denen man sich nicht unterhalten kann. Nicht ein einziges mal geben sie einem gelegenheit, auch etwas zum thema beisteuern zu können. Sie scheinen der sektion sprachjudo anzugehören. So kann man denn nur hin und wieder ihren mächtigen redeklotz mit einem kopfnick oder einer beiläufigen zustimmungsfloskel abstützen. Verdammtes fremdsprachenproblem zwischen landsleuten.
Jedenfalls ermüdet das kolossal, doch war ich gar nicht müde, also schickte ich meine wachen sinne als spione an die nachbartische: stillose glasaschenbecher neben stilvollen mokkatassen und feinen weingläsern, billige fruchsaftgläser neben aperitifkelchen und kleinen tonvasen auf der marmorbasis, auf die sich auch spitze, harte ellenbogen stützten, auf der auch weiche, junge, zarte, langkrallige, feingliedrige, weiße, zigarettenhaltende, verdammt weiche, weiche hände liegen, sich anlehnen, taktklopfend oder gestikulierend. Die weinflaschen spiegelten mondäne modigliani-gesichter wider; hohe stirnen; spitze, steife nylonkragen; auch bärte und markante brillengestelle. Alles so komisch.
Und von jedem tisch aus schlängeln sich blaugrauweiße raucherringel in den dunstozean.

Überall gläser ... klirrglas ... glasgeklirre ... manchmal, natürlich ... metall ... blech ... mag sein ... alu-löffel ... silber bestimmt nicht ... nein, nein ... aber marmor und porzellan ... lesbisches geplänkel ... oder porzellan auf marmor ... ist doch harmlos ... gemütliches geplauder ... nettes mit- und nebeneinander ... kaffee riecht nach gemütlichkeit ... welttran atmosfäre ... schwebender, weicher elfenbeinteppich ... der duft der großen weißen wolke ...

Hier fühlt man sich erhoben, erhaben, geborgen, verborgen.

Blicke hüpfen lustig und ungezügelt oder verkriechen sich keusch in ruhige ecken, andere heften sich klebrig und zäh an einen schönen lilienhals und rutschen über alle rundungen bis zur spitze des schuhs, wieder andere lassen sich ziellos hin- und herpendeln.

Mein fieses visavis haschte immer nach meinem blick, aber da war er viel zu lahm und viel zu sehr mit seinem problemchen beschäftigt, um mich faszinieren zu können.

Etwas vernünftiges brachten die nachbartischleute auch nicht über die lippen. Da sprang ich lieber auf und sagte: „Entschuldige bitte, ich muß mal austreten."

Dort, in der pinkelbude, standen schon paar mann und guckten angestrengt die wand an oder die rinne unter sich.

Na, manchmal, da will man und kann nicht. Und das steckt an wie das gähnen. Bei mir nicht; ich kann immer wenn ich will. Da glotzen dann alle neidisch, wenn's bei mir munter drauflosplätschert. Und da hab ich eine freude dran, daß ich als erster rausgehen kann und lächle wie ein sieger.

Ich nahm mir eine zeitung mit an den tisch. Da guckte mein gegenüber beleidigt. Ich sagte: „Ich bin wie Napoleon, der konnte auch vieles zu gleicher zeit. Du kannst ruhig weitererzählen, ich bin ganz ohr."

Tatsächlich, meine ohren lauschten gespannt in der gegend umher; mein linkes bein hatte irgendein engumschlungenes verhältnis mit einem schlanken stuhlbein; mein rechter fuß zappelte nach einem nervösen rhythmus; unter meiner bauchdecke brodelte sich etwas zum ausbruch zurecht; mein linker ellenbogen stocherte auf der marmorplatte herum, und manchmal fand der kleine finger seine befriedigung in meinem ohr, aber meistens mußte der handteller als kopfstütze

herhalten, während die andere hand frei und ungezwungen überall herumfingern konnte.
Die augen schlichen sich mal dort ein, mal prallten sie da ab oder flohen wieder mal vor der aufdringlichkeit meines gegenübers. Neben uns ließ sich ein junges paar nieder.
Beide sahen so aus, daß man ihnen entzückt nachsah. Wenn menschen so schön sind und so schön tun, werde ich immer mißtrauisch. Nicht, daß ich neidisch wäre, aber ich kann mir einfach nicht vorstellen, daß solche dann auch noch ein schönes, glückliches leben führen können.
(Solcher leute leben stelle ich mir ungefähr so vor:
Ein männlein suchte sich ein löche-löche-löchelein und fand schließlich ein offenes fräulein. Sie bauen sich ein häuslein und kriegen ein büblein oder auch keins. Sie fristen ein glückliches dasein und sind mächtig stolz auf ihr klassenbewußtsein. Im unterbewußtsein verspüren sie so was wie selbstbewußtsein. Und mit dem treten sie dem konsumverein, dem friedensverein, dem sport-, garten- und gesangsverein bei. Zuweilen treten sie auch dortherein und hierein, vornherein, hinten rein. Obendrein stimmen sie mit allem überein. Manchmal stehen sie auch hinterdrein. Das können sie aber gar nicht merken; dazu fehlt ihnen einfach das fingerspitzengefühl, das nötige taktgefühl. Überhaupt mangelt es ihnen an hunger- und durstgefühlen, an scham- und angstgefühlen. Ihr lebensgefühl setzt sich aus traditionsgehorsam und aus mehr oder weniger sitten- und sortenreinen lustgefühlen zusammen.)
So kann man leben. Verflixt und zugenäht, so lebt man noch! Und wie sie leben: sie halten ihr lebensrecht regelrecht aufrecht.

Hinter meiner stirn machte sich eine vorstadtkinospannung breit. Die fetten schlagzeilen der tageszeitung drängelten sich mit ihrer banalen ausdünstung hemmungslos, ja, fast brutal in den zartbitteren, rosenkelchsüßen duft der großen, weißen wolke:
. . . ach was, Rolfi, das wußtest du vorher wirklich nicht, daß ich zwei kinder hatte? Weißt du noch, damals am . . .
republik-ausgabe/einzelpreis 15 Pf/22. jahrgang/Nr. 337/ dienstag, den 13. . . .

laß doch den aus dem spiel, mit dem kann man sich doch gar nicht richtig unterhalten, der hat doch nur das streben im kopf . . .
organ des zentralkomitees der sozialistischen einheitspartei deutschlands/aus dem inhalt . . .
na, hörst du mir denn überhaupt noch zu? Hast du verstanden, wie ich das meine? Ich konnte ja schließlich nicht . . .
werktätige stimmen mit taten zu/diskussionen in zahlreichen versammlungen . . .
eigentlich, hier schmeckt der kaffee immer gut, bloß der henkel an der tasse ist so heiß; greif mal dran . . .
schrittmacher kontra miesmacher/fortsetzung seite 3 . . .
hallo, Dietmar, how do you do? all right? Na, wo haste denn deine bessere hälfte gelassen? Kommt sie wenigstens . . .
wachsende kampffront gegen neonazismus/Berlin (ND) . . .
ich hab's immer gleich gesagt; die, die die, die die sache zuerst erkannt haben, hinterher auch noch durch den kakao ziehn, nee, so geht's ja nicht, nee, so nicht . . .
fußballspiel gegen Rumänien: 1 : 0/Bukarest (ADN) . . .
hör doch auf, guck doch nicht schon wieder so; heute schläfst du wieder mal in deinem bett . . .
korrespondenten berichten/schweine stehen nicht mehr schlange/von Günter Brock/Wismar . . .
fräulein, ich möchte bitte zahlen. Ja—sofort—gleich, einen moment geduld bitte . . .
wissen, klassenstandpunkt und eigenes denken/von Marina Jacobitz/lehrerin . . .
was darf's denn sein? Ach so, Sie wollen bezahlen, einen kleinen moment bitte noch . . .
wie wird das wetter/funk und fernsehen heute/berichte und kommentare/nachrichten aus aller welt/leser berichten aus städten und dörfern/was sonst noch passierte . . .
Ramona, guck mal, wie gefällt dir der? Hm, den finde ich nicht übel . . .
Russel-tribunal/USA des völkermordes schuldig/appell ans weltgewissen . . .
schmeckt dir dieser wein? . . .
bisher eine million kinder opfer dieser aggression . . .
bitte, möchtest du rauchen? . . .

frauen werden gefesselt, geschlagen, in ameisenhaufen gestellt und auf viehische weise gequält . . .
mein zahnarzt ist hübsch aber brutal, pflege ich immer zu sagen . . .
menschenjagd . . . 250 000 tote kinder . . .
den alten Rühmann finde ich in jeder rolle ganz toll . . .
ob sie ihre tage schon bekommen hat? . . .
krieg bewahrt USA vor wirtschaftskrise . . . achso, Sie wollen zahlen . . . 250 000 tote kinder . . . macht siebenzwounddreißig . . . krieg . . . mord . . . 250 000 . . . vielleicht werde ich vater? . . . unfaßbar . . . 250 000 . . . kinder . . . tote . . . danke, es stimmt so . . .
Nicht sentimental werden, sagte der eine zum anderen in mir. Doch die fakten, gefühle, bilder und vorstellungen rasselten mir wie glassplitter im kopf herum.
„Mir ist . . . ich muß mal kotzen“, preßte ich hervor und rannte auf die straße.

Da steh ich nun.
Dahinter, dazwischen, darüber, darunter, davor?
Jedenfalls: mitten auf der straße. (Wenn das kein standpunkt ist, weiß ich ja nicht). Wie sagte Brecht? „Unsere straße ist gut!“ Na also, wer will denn mehr?
Es tut sich ja was in meinem kopf, die eine sicht lehnt sich gegen die einsicht auf oder umgekehrt, alles kann ich nicht genau überblicken, zugegeben, aber fest steht, daß folglich nichts fest steht, was läuft, sich einläuft, was anläuft, umherläuft, heißläuft, o nein, gott bewahre mich vor dem festlaufen.
Die einbahnstraßen, sackgassen und auswege sind ein zu heißes pflaster für leute wie mich.
Ich bin ein mensch für breite straßen, für geschäftsstraßen, wo die fetten warenhäuser fast aus den fugen platzen, für die paradestraßen, transit- und fernverkehrsstraßen, wo man einen halt finden könnte unter seinesgleichen, zwischen den ellenbögen, einkaufstaschen, auspuffgasen, dicken bäuchen, brüsten, gummisohlen, glasfassaden, warensortimenten und konsumgedanken.
Wenn ich ehrlich sein soll, so wollte ich ja vorläufig sowieso nichts weiter als dies: leben, etwas erleben, mich einfach mal

leben lassen, und hoch soll der mensch leben, hoch, dreimal hoch! hoch! Ach, das ist herrlich! Noch nie fühlte ich mich so frei, groß und bedeutend.

LICHTE HÖHE ÜBER STRASSE 3,60 m. Ich zog den kopf ein. Dann fand ich eine straßenkreuzung, wo ich mein neues freiheitsgefühl richtig auskosten konnte, eine straßenkreuzung, wo straßenbahnen vorüberkreischten, wo menschenströme gleichfalls wie die kraftfahrzeugschlangen immerfort durch das rot einer ampel gestaut und durch ihr grün zerrissen wurden, und lehnte mich so frei, wie ich war, an das rotweißgestreifte geländer gleich neben der ampel und ließ die menschheit sich um mich kreisen.

Ha, wie alles strebt, hastet, gas gibt, schimpft, wartet, bremst; schwupp — — — kupplung los . . . wipp — — — fuß vor fuß; tipp, tapp, tripp, trapp — — — staccato der absätze. Einzig ich, ich steh über allem, ich, der über allen dingen stehen möchte, ohne überheblich zu sein, also bleibe ich hier stehen, wie ich stehe, oft fühle ich mich stehen, manchmal auch stehengelassen, es wird wohl das eine und das andere sein, aber die hauptsache ist, man läßt mich in ruhe stehen, denn es könnte ja sein, das gönnt mir jemand nicht und versucht mich umzureißen, nur um mir nachzuweisen, wie schlecht es mit meiner standhaftigkeit steht. Ach, was habt ihr denn nur? Ich liebe euch ja alle, wie ihr seid, ihr menschen, ihr statisten, ihr wassertröpfchen, ihr protonen, neutronen, ihr gutmütigen und bösartigen, oh, und ihr hübschen mädchen mit den raffinierten augenaufschlägen, ihr peitscht mir die ohren rot mit euren wimpern, oh, ihr miniröckchen, ihr treibt mich auf die barrikade. Verzeiht mir, ihr marzipanwaden, ich könnt euch auf der stelle anknabbern. Aber ach! Nichts soll nach Villon häßlicher sein auf dieser welt als ein weib, ein altes . . .

Schöne aussichten.

O nein, oma, du warst nicht gemeint. Du stöckelst zitternd vor dich hin und riechst nach ohrenschmalz und camphoderm, und wenn ich genau hinrieche auch nach urin. Aber wer vernimmt das schon in diesem großstadtduft, wo kohlenmonoxyd und nikotin ums nasenmonopol streiten? Ich habe dich entdeckt, liebe alte, in all dem bunten trubel. Hab ich nicht talent?

Und was muß ich da noch alles sehen?
Einen kaputten rockverschluß; ein zerbeultes auto; einen turban auf einem inder; einen feisten bürger, der seiner bulldogge ähnlich sieht; behaarte damenwaden, die mich auch irgendwie aufregen; einen sperling, der einer taube eine semmelkrume vorm schnabel wegschnappt; einen mann mit rotem vollbart; ein negerkind mit einer blonden puppe; hochnasig stakende schuhspitzen, die nichts weiter können, als staub aufzuwirbeln; einen runden schleußendeckel, der wer weiß was sehen muß zwischen den berockten schrittspannen; oh, und diese farbenskala der modefarben, diese kontraste zwischen den verschiedenen anstrichen und abstrichen; diese formen, diese formlosen solidaritätsgesichter; diese filigranen existentialistenlarven: begeistelt, begeistet, begeistert, jawohl, begeistert wie ich; diese kühlen, kahlen kohl- und kehlköpfe, aufgesteckt auf statisch-dogmatische protzbauden oder dialektisch-dynamische raumkörper . . .
Und ich kann noch ganz anders und anderes sehen, wenn ich will, meinetwegen so alles nackt ausziehend wie George Grosz.
Aber da wird's pervers. Aussprechen könnte ich das nicht, aber gegen gedanken kann man nichts machen; entweder man hat sie oder man hat sie nicht. Warum sollte ich mich schämen, was kann ich dafür? Ich bin jung, gesund und unverdorben. Meine natur versucht, meinen trieben und gefühlen entgegenstehende schwierigkeiten aus dem weg zu räumen. Aha! Also doch ein perverser egoist?
Nein, an sich bin ich edel, hilfreich und gut, es ist die umwelt, die pervers ist.
Bin ich aber nicht unter sozialistischen verhältnissen aufgewachsen? Na, hier wird's politisch!

Jedenfalls, das hier brauche ich:
bewegung, turbulentes quirlen und treiben, vielfalt, weltstadtatmosphäre, totalität des bunten lebens.
Totalität, ja totale totalität! Identität mit der totalität. Ich fühle mich für zwei, drei sekunden mächtig glücklich.
Dann kam mir plötzlich so etwas wie magensaft hoch:
„Wollt ihr den totalen krieg?!" — — — totalen krieg? — — — tot allen krieg — — — krieg alle tot . . . ? . . . ?

Und wie ich so in gedanken versunken irgendeiner schönheit nachgaffe, schmeißt mir jemand seine hand auf mein schulterblatt: „Na, alter junge, wie geht's?"
„Ach, du bist's!"
Der hatte mir gerade noch gefehlt. Er gibt sich aber nett und freundlich und lädt mich sogar in das gegenüberliegende café ein.
„Warte mal 'nen moment", sagt er. „Ich disponiere um, ich muß meine kleine anrufen und ihr sagen, daß wir im hochhauscafé sitzen. Halt mal die tasche. Hast du 'nen groschen? Merci!
Hallo, Mausi!
Weißt du, wen ich getroffen habe?
Nein, das sage ich dir jetzt nicht . . ."
„Sag's doch", quasselte ich rein.
„Halt doch mal deine fresse! — — —
Na, du bist doch nicht gemeint . . . neindoch!"
Dabei stiert er den automaten an, bis er plötzlich zusammenzuckt, den hörer einhängt und zur entschuldigung hervorbringt: „Blöde ziege die!"

So sitzen wir denn mit sauren gesichtern an einer runden marmorplatte.
Ach—ja, ach—nein, ach—gott, ja—ja, nein—nein, aber—aber, so—so, ha—ha, hi—hi, nicht wahr? genau! aber bitte! o natürlich! aber ja—doch!
„Bitte sehr, die herrn", sagt die bedienung und stellt zwei pückler mit sahne und zwei kaffee-komplett vor uns hin.
Nie und nimmer hätte ich von mir aus solchen nahrungsmittelkitsch bestellt, aber wenn man dazu eingeladen wird, wa?

. . . und verließ mich endlich

Da steh ich nun mit meiner tasche voller weltkugeln, meiner ausgebeulten tasche voller unwirklicher welten, meiner hosentasche: voll mit bunten murmeln meiner kindheit.
Ja, das sind zeiten!
Seit der siebenundsiebenzigsten umstülpung meiner gesinnung, was heißt umstülpung! das klingt so harmlos, aber ich meine: seit meiner gewaltsamen bewußtseinsänderung wurde ich ein labiles wesen.
Aber damit ist nicht gesagt, daß mich meine alte gesinnung ohne weiteres verließ. Hat sie mich überhaupt verlassen?
Das ist die frage, der ich schon hunderte von jahren auf die spur kommen will.

Die schönen treibhausgedanken, ach, wie sie treiben, abgetrieben werden, samt den satzlehren und schulordnungen.
Nun erst mal abhärten, sich ein wenig verderben lassen, damit die eingepaukten stilblüten verwelken. Dünger ist's, was ich brauche, und einen aufgerauhten boden ohne überbau, damit ich mich allen wettern aussetzen kann. Jawohl, donnerwetter möchte ich kennenlernen!
Kaum möglich, kaum möglich bei diesem abschirmdienst, diesen sonnenschirmen, regenschirmen, lampenschirmen, mützenschirmen, fallschirmen, radarschirmen und diesen verfluchten bildschirmen.
Wie altmodisch mag das sein, die schule lächerlich zu machen, das eigene nest zu beschmutzen, dem man entwachsen ist, aber es ist immer wieder aufs neue notwendig, bestimmt auch ehrlich gemeint, ehrlich auf alle fälle.
Jedenfalls werde ich meine nächsten fortschritte allein vollbringen müssen, und ich stell mir das einfach vor: den fuß anheben für einen kurzen moment, sich einen ruck geben — ausschreiten, kräftig ausschreiten oder ganz einfach nach vorn beugen, und die füße werden alleine wissen, was sie zu tun haben. Bleibt nur die frage, mit welchem fuß, nein, dies-

mal merke ich beizeiten, wohin das führt, halte also inne, halte mir die hand vor die augen und versuche nur das eine zu denken: Du darfst nicht denken, wenn du vorwärtskommen willst! Wer dennoch denkt, kommt aus dem rhythmus, stolpert, bleibt zurück, bleibt schließlich stehen oder tanzt irgendwie aus der reihe. Was nützt all meine sympathie für gestrauchelte leute?

Also: sich einen ruck geben, ausschreiten . . . mit welchem fuß?

Verdammter unsinn! Vorbeugen, augen zu und vorbeugen, den oberkörper weit vorbeugen. Dann traben, traben, traben . . .

Eines schönen tages, die geburtenzuwachsrate steigt beständig, wird es heißen:

. . . der plötzlich und unerwartet aus unserer Mitte gerissen wurde.
Mit ihm verlieren wir einen pflichtbewußten Kollegen und treuen Genossen, der stets bereit war, seine ganze Kraft und seine Fähigkeiten für die Weiterentwicklung unseres Betriebes einzusetzen.

Wir werden ihm immer ein ehrendes Andenken bewahren
Wir werden ihm immer ein ehrendes Andenken bewahren
Wir werden ihm immer ein ehrendes Andenken bewahren

Requiescat in pace! Requiescat in pace! Requiescat in pace!

Möge er ruhen, aber mit mir könnt ihr's noch nicht machen, das wollte ich der welt noch verkündet haben, mit mir nicht, nein, nicht mit mir, und wer's nicht verstanden hat, dem sag ich's noch mal, noch mal viel lauter: Mit mir nicht!

So, das war das, und noch etwas: un jour le jour und: Immer heiter und froh!

Denn nur das jetzt gilt, das jetzt. Und wenn man sich augenblicklich seiner gegenwart bewußt wird, wird das jetzt schon wertlos, unproduktiv, weil man sich mit der zukunft tröstet, erwartungen in sie setzt, oder man reflektiert über vergangenes, abstrahiert gewisse höhe- und tiefpunkte, heroisiert seine eigene wegstrecke, und man glaubt sich schließlich einer entwicklung erfreuen zu dürfen. Dabei beneidet einer den anderen. Ei, wie witzig das ganze. Trotzdem: wundervoll, hier zu sein oder da und dort.

Und diese aussicht auf einen schnellen tod. Diese vorstellung, das gegenteil Gottes zu sein, also machtlos und sterblich.

Haben wir einen anteil daran, daß sich aus anorganischer materie organische, aus einzellern mehrzeller und schließlich säu-getiere entwickelten?

Ist unsere sippe im laufe ihrer entwicklung menschlicher geworden?

Zugegeben: die saurier mußten uns platz machen. Wem? Den Rockefellers, Krupps, Thyssens, Hitlers, Stalins, Mao Tsetungs? Oh, wie primitiv all diese vergleiche, diese kombinationen, diese vermutungen . . . Ich passe! Ich passe mich an. Ich passe meine widersprüche aneinander, mit einsicht, trost und ähnlichen allesklebern.

Ich beneide all' die, die im schlaf ihre ruhe haben.

Im schlaf muß ich immer lachen. Wenn ich nicht lachen darf aus irgendwelchen politischen oder sonstwelchen pietätsgründen, muß ich weinen, aber wie gesagt: nur manchmal, denn meistens langweile ich mich während des schlafens. Obwohl ich kein verschlafener typ bin, bin ich ein trauriger schläfer geworden-worden, das heißt meine lustigen dinge, die mir immer im schlaf einfielen, haben ihre frische, ihre ursprünglichkeit verloren. Mir gelingt es immer seltener, neue, unverbrauchte fröhlichkeiten in meinen schlaf zu ziehen. Wer aus meinem komisch-tragischen nachtleben auf meine tagesarbeit schließen möchte, weil das so der allgemeine trend in der geschichte der menschheit ist, wird sicher zu falschen ergebnissen kommen, denn im grunde genommen bin ich nur ein nachtarbeiter und am tage bin ich ein ganz normaler mensch, andauernd müde zwar, aber jeden moment bereit aufzuspringen, mich auszutoben oder für eine nützliche sache einzutreten, wahrscheinlich einfach, weil es spaß machen könnte, weil es im augenblick keinen besseren augenblick gibt, als den des türöffnens, des augenaufreißens, des versuchs, der tat, der aufdeckung.

Kurzum: lies nur weiter!

Eben hat einer zu mir gesagt — na, ich hab's schon wieder vergessen, was er gerade sagte. Mir soll das egal sein.
Von der überschaubarkeit der welt wird er wohl was gefaselt haben. Wahrscheinlich, nein, ganz bestimmt mußte ich gerade gähnen. Beim besten willen: da kann man nichts verstehn.
Ich bin nun mal so eine null, leider auch noch eine von denen, die immer gern vor dem komma stehen wolln. Haha, daß ich nicht lache! Meine bescheidenheit riecht, stinkt penetrant nach vordergründigkeit. Genau. Aber meine schmutzige wäsche sollte hier gar nicht erwähnt werden. Es geht vielmehr um . . . na, worum geht's denn? Genau das wollte ich Sie fragen. Oder begreifen Sie, warum der nächste amerikanische präsident unbedingt in Peking gewählt werden soll?
Es geht um das tote schwein in meiner brust, über das ich so erschrak, als ich über meine schwelle schreiten wollte.
Möglicherweise hat mir jemand absichtlich die tür zu mir selbst geöffnet. Ich muß ganz schön fertig gewesen sein . . . na klar! Ist doch psychologisch gesehen vollkommen verständlich. Natürlich kann man sich's auch einfach machen und alles in fremdwörter wickeln, im fachjargon pökeln, in steno-lyrik für esoteriker pressen oder in leichtverständliche volkskunst tröpfeln. Das nimmt sich alles nicht viel.
Da hilft nur eins: ein linkes wort zur rechten zeit!
Da stoßen die bitteren genüsse auf, die wir mit dem pfeifentabak inhalieren, und die bitteren wahrheiten, die wir aus einer tasse türkischen kaffees schlürfen und die fänomenalen einzelheiten, die wir aus einem glas starkbier schöpfen.
Die meisten übel, unter denen wir leiden, lassen sich auf das vorhandensein unsrer einsamen bahnsteige zurückführen.
Und wenn wir uns sicher wähnen in den wuchtigen sesseln der repräsentation, sind wir in wirklichkeit schon unter den sitz gefallen. Also lieber stehenbleiben. Stehenbleiben ist das beste sprungbrett zur bewegung. Im stehen sind wir standhafter. Aber wir haben die wahl zu liegen, zu sitzen, zu stehn, auch kopfzustehn. Wer glaubt, das habe irgend etwas mit freiheit zu tun, der ist nur unsicher und weiß nicht genau, welche lage, welche haltung die ihm gemäße ist. Ich wünsche jedem menschen, daß er nach jedem fall auf jeden fall wieder auf die beine kommt. Mag auch der vergleich mit einem steh-

aufmännchen wenig schmeichelhaft sein, aber er stimmt. Patriotischer klingt: Lieber stehend sterben als auf den knien leben. Wer zum schluß seines lebens noch verkünden will, was nach ihm kommt, wird sich einen schlechten abgang verschaffen; der wissende gibt seine unwissenheit zu und gibt die bahn frei für das, was nach ihm kommt und kommen muß.
Ich zum beispiel bin im kommen, das verleiht mir den mut, einer kraftbrühe bis auf den grund zu schaun.
Bei dieser meiner sicht der dinge kann ich undinge sehn.
Ich bin weder zum sehen geboren, noch zum schauen bestellt. Ich sehe zu, wie ich mir die augen offenhalten kann, dann gefällt mir die welt. Es gelingt mir selten, meine augen gegen die widerstände der umwelt offenzuhalten.
Ich will nicht begreifen, daß ich nur schuld sein soll an meiner furchtbaren müdigkeit oder daran, daß ich das gleißende licht, den schmutzigen flugsand, den lauwarmen schaum, das ätzende rot der plakate nicht vertragen kann. Und trotzdem: *„Ihr glücklichen augen / Was je ihr gesehn / Es sei wie es wolle . . .“*
Es sei denn, es sei wie es ist, da sieht die sache schon anders aus, denn ich bin so ein zimperlicher kerl, der jedes stück eisen, das auf der erde glüht, auf sich, auf seine augen gerichtet sieht. Meine augen fühlen sich also in die defensive gedrängt. Immerhin: ich fühle meine schwäche. Manchmal möchte ich eine gewerkschaft gründen, sogar eine untergrundbewegung mit den hühneraugen, den stielaugen, den facettenaugen, röntgenaugen und den fett-, glas- und holzaugen.
Solidarität tut not. Es wird höchste zeit, die sehkraft zu erhöhen. Die revolution der augen steht bevor. Die davon wissen, füllen schon ihre tränensäcke, schleifen ihre linsen, gerben ihre lederhäute, putzen ihre glaskörper, binden ihre bindehäute neu ein, spannen ihre netzhaut fest und verstärken ihre hornhaut.
All das spielt sich auch in mir ab. Das sehe ich, das kann ich behaupten. Bei der stellung meiner augen, nach innen gekehrt, kann ich privatstellung beziehn, ohne eine vorstellung zu haben, was draußen, außerhalb meines körpers die übrigen wesen aus fleisch und wut über mich denken.

Denke mal an, an was der alles denkt, wenn der denkt, werden Sie denken. Zum beispiel denkt er nicht nur an sich, wenn er an sich denkt. Er sieht sich im spiegel, denkt an die menschheit und schwankt wie unser jahrhundert. Ist er krank oder besoffen? Er steht in Chaplins schuhen und folgt den spuren seiner großen freunde. Will er nicht ihr bruder sein, schlagen sie ihm den schädel ein . . . ädelein.
Seine stimme fällt aus den rundfunkgeräten und fällt kolossal auf. Die spottdrosseln machen ihre größten geschäfte. Sagt es ihm. Versucht ihm unter die augen zu kommen. Vielleicht gehen ihm die augen über, wenn er die wahrheit sieht. Aber es ist sinnlos: Gott ist ein alter blinder mann. Das will er nur nicht hören, aber es ändert nichts, es ändert sich nichts, es ist so. Wer es behauptet, wird nie wieder etwas behaupten, er wird enthauptet. O Gott, das sind zeiten!
Betet zu ihm. Er ist auf unsren beifall angewiesen. Dankt ihm. Zahlt es ihm heim. Ihm zu ehren zwei drei hammerschläge mehr für die produktion seiner eisernen büste. Nehmt den mund nicht so voll und spendet je einen goldzahn für einen goldnen überzug seines eisernen lächelns. Er verspricht uns goldene zeiten; er lebt sie uns vor; er enthält sie uns vor. Die dichter, maler und fotografen beweisen uns, daß er uns jederzeit und in jeder lage ein vorbild ist. Wir haben ihn nachzubilden, da haben wir arbeit auf lebenszeit. Wir gestalten monumental, versteht sich, ungenormt und frei nach TGL. Wer von personenkult spricht, will die tradition zerstören, spricht mit der stimme der ungläubigen, ist ein feind der menschheit . . .
Weiter kam ich nicht, und weiter kamen auch all die anderen ichs nicht mit dieser art zu denken.
Wir setzten uns hin, tranken tee und warteten: auf den kontakt, auf die erleuchtung, auf Jesus, auf die abschaffung des geldes, auf den sommer, auf Godot.
Nichts. Immer noch nichts. Jetzt auch nichts. Na, vielleicht . . . Und wieder nichts. Noch nichts. Wer weiß . . . Nichts. Wieder nichts. Nichts zu machen. Nichts. Da! Wieder nichts. Nichts. Endlich wieder nichts. Ich hatte nichts andres erwartet. Also nichts! Plötzlich steht sie vor mir. Naja, das mußte ja so kommen. Steht vor mir, hält sich die ohren zu, schließt die augen, schweigt und äußert sich so. Wie reizend,

sage ich, so bezaubernd und so verschlafen und schüchtern, wobei sie schon einen langen bart hat, dabei schon so verspießert und frigide, natürlich auch geizig und abgestumpft und trotzdem fröhlich und naiv, ohne anspruchsvoll zu sein oder sonstwie verschlagen und neu.

Achdumeinegüte! Das soll meine moral sein?

Dafür habe ich so lange gehofft, gebangt, gewartet, kopfgestanden, horoskope befragt, psychoanalytische wälzer durchgeblättert, alte und neue testamente gelesen, manchen ismus studiert, suren vor mich hingemurmelt, antikriegslieder in a- und in h-moll gesungen, massenchorleiter interviewt, jugendfunktionärinnen beschlafen, geschuftet, geschwitzt, nachgedacht, gehofft, gebangt, gewartet: auf diese sternstunde der erleuchtung, auf diese minute der wahrheit, auf diese sekunde orgastischer entzückung. Was bleibt?

Asche, alltag, abschaum und alles was mit A beginnt, selbst ein neuer anfang.

Eine zehntelsekunde das zeichen des makrokosmos' erblickt — und ich liege wie vom blitz getroffen am boden, kraxl mich langsam wieder hoch und frag mich, was das ganze bloß soll.

„Da steh ich nun, ich armer Tor!"

Die zeitungen berichten von banalen äußerlichkeiten. Die kommentare, in aller eile zusammengeschmiert, treffen selten ins schwarze.

Ich will durchgesehen haben, einmal vollkommen durchgesehen haben; vom anfang bis zum ende für den bruchteil einer sekunde. Das verhilft zu einem stolzen gefühl, aber was kann man damit anfangen? Warum kann man nicht laufend durchsehen? Laufend alles überblicken? Wer wäre man denn da? Gott?

Jedenfalls habe ich durchgesehen, einmal ganz kurz, und schon bohrt der zweifel und will es genau wissen, wo hindurch ich denn eigentlich gesehen haben will. Dafür gibt es keine worte, das muß man erlebt haben, das kann man nur fühlen. Nur der zweifel, der bleibt. Man versucht zu erklären, nur so für sich. Wohindurch hat man denn eigentlich gesehn? Durch die unklarheit natürlich, durch den nebel, die lügen, frasen und unerklärbaren erscheinungen. Wohin hat man letztlich geschaut? Wohin? Nun, einfach hindurch. Durch das

unklare ins klare, durch das schlechte ins gute . . . Gab's denn da einen endpunkt? Gottverdammich, nein!
Es kehrte alles wieder in endloser folge von ewigkeit zu ewigkeit — amen!
Diese behauptungen immerzu und überall!
Ich möchte nichts mehr behaupten. Ich möchte so bescheiden werden, daß mich die leute in ihr aquarium sperren und mich behüten mögen, mich mit wasserflöhen füttern und ansonsten nichts mit mir anzufangen wissen, weil sie nicht wissen, wofür sie mich halten sollen.
Ich weiß, das ist keine besonders günstige lösung, aber was soll man denn machen, wenn man sich selbst nicht behaupten kann?
Wie sagte es Max Frisch in seinem tagebuch?
„Und wofür hat man sich denn gehalten? Für ein Geheimnis, das der Mensch ja immerhin ist, ein erregendes Rätsel, das auszuhalten wir müde geworden sind. Man macht sich ein Bildnis. Das ist das Lieblose, der Verrat."

Als er diese worte las, fühlte ich, wie sich ihm die haare sträubten. Dann lächelte er mir sein sicheres, überlegenes lächeln zu. Das war nicht echt, mein lieber, die sicherheit war nur vorgetäuscht.
Als er jenes bild betrachtete, fühlte ich, wie ihn die sprache verließ.
Als er diesen katzenjammer von moderner musik anhören mußte, fühlte ich, wie ihm der obere kragenknopf platzen wollte.
Als ich ihm eine statistik von den toten aller kriege vorlegte, fühlte ich, wie er sich eine nachdenkliche und ernste maske aufsetzte.
Dann sagte er etwas, denn er hatte hier im hause etwas zu sagen. Er mußte etwas sagen, denn deshalb saß er im haus.
Er mußte es so sagen, denn dazu saß er in diesem haus und nicht im gegenüberliegenden.
Über realitäten, über historische fakten, nein, schon nicht mehr, aber über soeben passierte dinge im weltgeschehen konnte man sich mit ihm unterhalten, konnte man mit ihm streiten, handeln.

Aber erfolglos. Die historische wahrheit setzt sich durch, und zwar immer so, wie er sie sich schon vorher bequemerweise zurechtgebastelt hatte. Das soll keine abwertung sein, denn er bastelt wirklich mit viel liebe und geschick, sogar in seiner freizeit.

Er bastelt an einem modell, an dem man die welt beschaun kann. Das ist eine einmalige investition, wie er seinen eifer zu entschuldigen versucht, aber das erspart unserem ganzen haus viel unnütze denkarbeit.

Sein modell ist nicht vollkommen, wie er manchmal zugibt, aber ich habe den eindruck, daß das ergebnis, nämlich die einsparung von denkkraft, schon angewandt wurde, als von einem modell noch gar nicht die rede sein konnte, als er sich nur die grundplatte, das brett, freudestrahlend vor den kopf hielt.

Als ich zu bedenken gab, daß es mit der denkkraft wie mit der liebe sei: „je mehr man sie verschwendet, je mehr wächst sie“, versuchte er, mich zu überhören.

Als ich jedoch nicht lockerließ, brauste er auf und betonte, daß es zur zeit wichtigere probleme gäbe. Nun gut, er mußte es ja wissen. Er saß ja schließlich in dem haus mit den telefonen. Ich wollte das haus endlich verlassen und bat ihn, mir den weg zu zeigen, den ich gehen soll. Er zeigte sich freundlich und bereit, fing aber an zu stottern, bevor er dazu überging, mir die historische bedeutung seines weges zu erklären. Dann kam er noch einige male vollkommen vom weg, vom thema ab. Ich ließ ihn gewähren. Schließlich zog er mich an sein modell, um mir meinen weg mit dem finger zu zeigen. Das reichte mir, und ich trennte mich von ihm, von seinem anzug, von seinem modell und von seinem haus mit den telefonen.

Ich wußte den weg nicht genau, aber ich ging, ich wagte zu gehen, meinen endlosen entwicklungsweg.

Einen vollkommen neuen weg müßte man gehen, dachte ich und ging ins irgendwohin. Ich war mir meines rechten weges, eines linken weges und eines mittelweges bewußt. Ich ging vielleicht einen holzweg, einen abweg, einen irrweg, aber ich ging. Ein lebensweg hat keinen rückweg, ein leidensweg hat keinen ausweg. Ich ging, ich gehe, ich werde gehen. Ich bin

durchaus kein fatalist, wenn ich behaupte: manchmal wird man auch gegangen.
Warum sage ich das?
Es geht nämlich um sätze: um grundsätze um lehrsätze um hauptsätze fortsätze aufsätze ansätze . . .
Ich habe eine schwäche für alles, was man in den mund nehmen kann. I love the word, ich liebe ganze reihen von wörtern, ich liebe schließlich den satz: den aussagesatz den zündsatz den kampfeinsatz den kaffeesatz den gegensatz den schadenersatz und den schlußsatz. Warum sage ich das?
Ich liebe die großen worte, wo man den mund richtig aufreißen muß und wo man eine ganze weile dran zu kauen hat. Wenn man sich mühe gibt, bekommt man die brocken schon runter, und dann freue ich mich, wenn die großen worte aufhören, groß zu sein und kleinlich, verschrumpft und schleimig in die abfallgruben gespien, gedrückt und gestoßen werden.
Warum sage ich das?
Oh, ich bin glücklich, die tat zu preisen, die arbeit, die bewegung, die reibung, alles fließende und gelöste und überhaupt alles, was worte auflösen und auslösen können.
Warum sage ich das?
Ich möchte warnen. Es geht um die stellung der worte zueinander, es geht um den gebrauchswert der worte, es geht um die aus-sprache der wörter.
Wir kommen auf sätze zurück: es geht um kernsätze tarifsätze und aussagesätze . . .
Letztlich geht es um alles oder um nichts.

Moral ist klassengebunden. Ich bin absolvent der klasse I2B einer erweiterten oberschule.
Unsere klasse setzte sich aus jungen frauen & männern zusammen. Nachfahren großer, schwanzloser affen mit halb aufrichtiger haltung und gesinnung. Für die arbeiterklasse fallen diese hemmnisse fort. Diese auffassungen teilen jedoch nicht alle, die über wodka oder whisky zu befinden haben. Viele trinken nur wasser und predigen heimlich wein. Das hat letztlich 987654321 ursachen; keine davon läßt sich aus dem zusammenhang reißen. Von den zig milliarden einsichtsvollen und sachverständigen, die unsere gute mutter, schwä-

gerin und tante erde auf ihren buckel nehmen könnte, wird der größte teil unerlaubterweise in den hoden der männer zurückgehalten.

Trotzdem macht der fortschritt fortschritte; das kann man wohl laut sagen. Trotz gottesdienst und parteiversammlung, trotz trotzkisten, marx- und banknotenfälschern, trotz rotz und grüner pflaumen und weiß der teufel, was sonst noch. Aber der mann an der silbermannorgel zu Fraureuth spielt den orgelchoral: WENN WIR IN HÖCHSTEN NÖTEN SIND (BWV 668).

Der darin liegende ausdruck von frommer ergebung und andacht hat mich stets ergriffen. Begriffen habe ich aber nichts. Man darf nicht alles im zusammenhang sehen wollen, wenn man den zusammenhang gar nicht sieht. Das macht blind, weil man immer in der ferne herumschweift, ohne das naheliegende zu sehen. Man muß alles hübsch der reihe nach betrachten. Also: so hätte es werden können, so ist es, so wird es werden. Und ab morgen wollen wir ein neues leben beginnen. Morgen leiten wir die totale revolution ein. Die revolution auf allen gebieten des lebens. Falls das wetter wieder schlecht sein sollte, werter herr Tucholsky, beginnen wir bzw. stellen wir die sexuelle revolution voran. Das kann jeder bei sich zu hause im bett beginnen. Leider hat sich nur die technische revolution durchgesetzt. Nirgends eine spur von toleranz, d. h. ich bin zu jung, um das beweisen zu können, aber der himmel würde sich verdunkeln, wollte ich verschweigen, wie sinnlos sich mein ganzes denken um ein dogma, um ein ideal dreht.

Um eindruck zu schinden unter meinen artgenossen, behaupte ich immer: Die politik ist eine hure; unberechenbar, schmutzig und käuflich. Aber die mich näher kennen, wissen, wie ich das meine, denn meistens stelle ich dann, wenn sie mir eifrig zustimmen, die verfängliche frage: Na, was hat denn nichts mit politik zu tun?

Damit würge ich die gespräche, die fragen und das interesse an den irdischen dingen ab. Man schweigt eine weile ins blaue hinein, gönnt sich noch eine gedenkminute für die eigene misere, richtet einen blick in die leere und verabschiedet sich unter höflichen vorwänden.

Hm. Genau so ist's, würden die sagen, die keine eigene stimme haben und nicht wissen, wie sie's sagen würden.

Wie falsch alle jene bemühungen von ausbeuterideologien sind, zeigt sich besonders dann in voller undeutlichkeit, wenn man die geschichte nicht zu rate zieht. In die geschichte hatte ich bisher wenig einsicht, gebe ich zu. Meine eigene biblische geschichte ist noch gegenwart und verlangt nach zukunft.

Das ist keine entschuldigung, aber eine erklärung.

Keine einsicht, sagt ihr, gebe ich selbst zu, ach was, daran kann es nicht liegen, mir fehlt's nicht an einsicht, mir fehlt's an nichts.

Keine einsicht, das muß man sich vorstellen!

Ohne aussicht, ohne hoffnung keine einsicht, sage ich, werdet ihr nicht akzeptieren, ach was, daran kann es nicht liegen, mir fehlt nur die aussicht, die aufsicht, der grundriß, der plan.

Alles andre ist vorhanden: talent, mut, guter wille, gesundheit. Keine einsicht . . . Wer würde das schon zugeben?

Auch mein sechster sinn setzt sich mit den fragen auseinander, mit denen sich jeder große und kleine geist unserer, eurer und ihrer zeit konfrontiert sieht: mit tod und teufel, geburt und auferstehung, ideal und wirklichkeit, hoffnung und enttäuschung, liebe, kampf und unglück.

Mein sechster sinn holt mir glühende kohlen aus dem feuer, zieht das kleine glück aus der gosse und bringt Cherub auf den boden der tatsachen zurück. Das zähle ich alles noch seinen guten seiten zu, aber das übrige, nein, man dürfte es gar nicht erwähnen oder höchstens verschlüsselt oder allegorisch.

Denn: „Es soll in worten nicht sein können, was politisch nicht sein darf."

Oder lassen wir andere sprechen, Marx zum beispiel: *„Die Arbeit produziert nicht nur Waren; sie produziert sich selbst und den Arbeiter als eine Ware, und zwar in dem Verhältnis, in welchem sie überhaupt Waren produziert."*

Franz Kafka hat das beobachtet, dargestellt, meisterhaft dargestellt; wurde mißverstanden und leitete 44 jahre nach seinem tod revolutionäre, nach menschlicher gerechtigkeit verlangende prozesse ein.

Menschliche gerechtigkeit — was ist das?

Ja, das sind die fragen, die schwer auf der zunge liegen, manchmal aus dem mund fallen, nichts ausrichten oder wieder die speiseröhre zurückrutschen und unverdaubar den magen belasten.

Brechreiz, sodbrennen, unwohlsein, wen wundert's?

Dann schon lieber an parolen halten, kompromisse eingehn, die schuld verteilen, die angst verteilen und die verantwortung, das gewissen beruhigen, der herde anschließen (auch als schwarzes schaf), freundlich lächeln, etwa so: ach genossen, ich liebe die menschheit! Leute seid wachsam!

Die einfälle arten zu ausfällen aus.

Von jetzt an gebe ich diese provokative seite an mir auf.

Ich bin heute alt genug geworden: ein jahr älter.

Ein jahr älter. Das macht allerhand aus, wenn man bedenkt, was alles in einem jahr passieren kann. Und all die möglichkeiten, die in ein jahr gebettet sind, die hoffnungen, wünsche und prognosen.

Die sonne scheint für jedermann. Sie hat eine pazifistische grundhaltung. Trotzdem: Sonne. Mehr sag ich nicht. Sonne. Das bedarf keiner beifügung. Sonne. Auf diese entfernung das einzige, woran man sich erwärmen kann. Sonne. Überzeugend, überprüfbar und sichtbar. So müßte die kunst sein, die filosofie, die politik, die geschichtsschreibung und alles andere zum überbau gehörige.

Der wein in unseren adern, angesetzt vor einigen tausend jahren, ist noch nicht ausgegoren. Es kann noch alles verdorben werden vor der dichten schönheit eines endlosen sommers.

Der wein in meinen adern, angesetzt vor zwei jahrzehnten, ist noch nicht ganz verdorben.

Gib mir die unschuld, sonne, dic unschuld, die so aufrichtig an dir ist. Ich möchte aufrichtig sein. Wie glücklich wäre ich, sonne, könnte ich glauben, dir ähnlich zu sein und alle riefen mich mit deinem namen.

Die wirklichkeit ist ein fruchtbarer boden. In unserer wirklichkeit steckt schon die saat. Angebaut wurde widerspruch, ernten wollen wir große sprüche.

Nun von Wolfgang Hilbig ein paar signale vom herzen, einige zeichen der freundlichkeit, einige formeln einer form, die wenig beachtung findet:

„nun noch für alle
einige worte der sanftesten sprache
ein wenig urlaub ein schluck aus einer
kühlen flasche ein dach für jedes haus und
für einen neuen anfang ein gutes ende dazu
noch einen roten i-punkt auf jedes wort
für alle fälle einen eiffelturm und einen fingerhut
umarmungen küsse ungenannte bewegtheiten
und dürste die noch zu ertränken sind nun noch
für alle jeden tag erdbeeren milch grüne gurken
butter und warum nicht auch den gedungenen
ausnahmen ein stück und auch einmal ein
längerer orient für das abendland und dennoch
für alle dies bild allgemeinen anklangs:
blau duftgetöntes filigran und gras
weißer sand ein sommerweg von einem
bach benetzt schilf verquirlt verfilzt
gescheckt ein schwacher schimmer der wind
mittags die sonne des sees das wasser
wirklich bis auf den grund und erstaunliches
glitzern auf dem spiegel
für alle nun noch ihren aufbruch und für ihren aufbruch unsern
aufwand an sprache
mitgehn begleiten bei der hand nehmen voraussagen
und sicher auch eine vermählung für alle und
für die hochzeiten aller sprachen
neue verbesserungen.“

Der verfasser sollte später erklären, wie das wohl gemeint sei mit dem guten ende für einen neuen anfang, denn der neue anfang sei ja schließlich ein synonym für den aufbau des neuen Deutschland. Und wie könnte man in diesem zusammenhang überhaupt an ein ende denken??!! Und das gute ende, das wäre eine heimtückische verschleierung. Das würde in der nächsten zeile der rote i-punkt beweisen. Das wäre schließlich kein zufall, sondern eine eindeutige provokation. Und was soll in diesem zusammenhang der pariser eiffelturm?? Ja eben!!
Darauf würde alles hinauslaufen: auf die anbetung westlicher symbole!!

Ich war in meinem leben mehrmals zeuge solcher und ähnlicher debatten. Langsam und sicher lernte ich so die absurdität des realsozialismus begreifen.
Wolfgang Hilbig saß steif und stiernackig da. Er antwortete kaum, wirkte verklemmt und unbeholfen, so daß man ihm am ende aus mitleid bescheinigte, daß man ihn trotz allem für entwicklungsfähig halte.

Ich bin zu allem fähig

Das tief, in dem ich hockte, war nicht tief, verglichen mit den tiefen, in die zum beispiel andre vorgedrungen waren.
So kam ich mir selbst flach vor, zumindest begriff ich mehr fläche an mir als volumen. Bisweilen befriedigte ich mich nur noch an meinen plastischen vorstellungen, im fieber ins monumentale gesteigert.
Meine lebenszeichen waren entstellt.
Nichts in meiner bude, was davon hätte angesteckt werden können.
Mit eigener hilfe und mit hilfe jener, die meine kochplatte mit strom versorgten, und mit hilfe derer, die zu den entsprechenden jahreszeiten kräuter sammeln, trocknen und verkaufen, versuchte ich, wieder zu kräften zu kommen. Der zipfel einer fettigen wurst konnte mir nichts nützen.
Der vergammelte mit mir.
Im bett sterben die meisten leute, dachte ich sterbend und im bett liegend. Aber das mit dem sterben, das waren nur meine gefühle. Das wahre und das, was bestand hat, setzt sich letztlich durch. Das hab ich der briefträgerin zu verdanken, die mich so erschreckte, als sie klopfte, weil ich gerade in den ausguß pinkelte, und die mir geld ins haus brachte, von dem ich heute noch nicht weiß, wer es an mich überwiesen hat. Jedenfalls von dem tag an nahm meine gesundheit zu und mein geld schnell ab.
Dann stand ich auch bald wieder vor der staffelei und versuchte, nur mit roten farben, meinen suizidalen versuch darzustellen. Bald gönnte ich mir eine verschnaufpause und fand so nach und nach wieder zu mir und meinen gegenständen: flaschen flaschen (terpentin firnis und rotwein) pinsel tuben pappen holzrahmen tabakbeutel, vier, fünf pfeifen, gitarre geschirr und geklautes besteck, plattenspieler und langspielplatten, bücher, überall bücher verstreut, sinnlos zwischen putz- und mehrzwecklappen. Und der tauchsieder, der mich an meine schmutzige wäsche, vor allem an meine mißhan-

delte unterwäsche erinnerte. Als ich meine fingernägel sah, fielen mir komischerweise meine schuhe ein. Die schwarzen flecke auf der gelben cordhose? Wessen hosen sind es denn schließlich?
Was den scheuereimer und den fußboden betrifft, naja, wozu erst schrubben, wenn er sowieso gestrichen werden muß?
Fenster putzen?
Oje, wenn man genau durchsieht (und das sollte man eben), sieht man, wie die da drüben eine birke aufs dach ziehn. Richtfest. Herrje, wie die zeit vergeht! Als ich das fenster wieder öffnete nach dreizehntägiger verschlossenheit, erhaschte ich ahnungsloser für den bruchteil einer sekunde in einem fenster des gegenüberliegenden hauses den anblick eines nackten frauenoberkörpers.
Ich taumelte zurück und wollte schwach werden, aber mein kleiner stand wie ein ast und wies mir die richtung; ich stürzte wieder ans fenster, wartete und guckte angestrengt, aber kein zipfel fleisch zeigte sich.
Das leben ist absurd, aber die kunst hat realistisch zu sein! Hm. Ganz und gar nutzlos fand ich beides.
Nunja, werden Sie sagen, alles gut und schön, aber mein sohn dürfte er nicht sein. Wirre gedanken, perspektivlose ideale, dieser umgang, wie wird das elternhaus aussehn?
Dabei bin ich in einer arbeiterfamilie aufgewachsen wie millionen andere. Abgeschirmt von westlichen einflüssen, wenn Sie wert darauf legen, das zu hören.
Ich habe vielleicht drei wildwestschwarten gelesen, ab und zu westsender gehört und bis dato noch keine vollständige sendung im westfernsehen verfolgt. Mit einem dortmunder grafikstudenten schreibe ich mich selten. Die briefe könnte ich jedem zeigen. In Westberlin weilte ich drei tage. An verwandten hab ich nur ein paar alte tanten drüben. Nun, ich frage mich, warum ich so geworden bin.

Ich brauch mir bloß meine zeugnisse anzusehn:
1. klasse: „S. ist ein sehr aufgeweckter Schüler, der fleißig seine Schularbeiten erledigt, aber im Unterricht oft ruhiger sein könnte."
5. klasse: „S. ist gewandt, interessiert und lebhaft, zugleich aber auch unruhig. Er muß lernen, noch intensiver und ge-

nauer zu arbeiten. Sein gesellschaftlicher Einsatz für die Klasse ist erfreulich."
8. klasse: „S. ist sehr temperamentvoll. Er muß sich mehr in die Gewalt bekommen. Er kann recht kritisch sein, auch zu sich selbst. Im Betrieb war er sehr anstellig und fleißig, in der Schule war er auch immer dabei. Oft hätte er allerdings mehr leisten können, er sieht dies selbst ein."
10. klasse: „S. besitzt die fähigkeiten, um bessere Leistungen zu erreichen. Obwohl der gute Wille vorhanden ist, hat er noch nicht die Kraft, ihn durchzusetzen. S. zeigte sich in seinem Verhalten fast ohne Ausnahme höflich und hilfsbereit. In seiner gesellschaftlichen Haltung und Aktivität ist er der Klasse ein Vorbild."
12. klasse: „In bestimmten Situationen mangelt es ihm an Einsicht und gutem Willen, von Lehrern und Erziehern Lehre anzunehmen.
S. zeigt große Widersprüche in seinem Charakter. Sein Lerneifer und seine Lerndisziplin wechseln entsprechend seinen Neigungen. S. zeigt im allgemeinen eine parteiliche und bewußte Einstellung zu unserem Arbeiter-und-Bauern-Staat. Im Internat setzte sich S. für die Verbesserung der FDJ-Arbeit ein und suchte ständig die Verbindung mit den übergeordneten Leitungen."

. . . und das leben geht seinen gang.
Im heute, im jetzt, im hier — ich sitze bei mir und trinke bier. Ja. Leider. Ich bin so.
Ich will unbequem sein und bin schädlich. Ich will originell sein, und es wird peinlich. Ich suche krampfhaft nach den steilen wegen und gerate auf gefährliche außenseiterwege. Ich bin kokett, leichtsinnig, liebe das spiel mit dem feuer . . . Ich bin dreist, anmaßend, gehe sorglos mit den grellsten farben um. Ich habe frische augen in aspik und betende haare unterm kinn und ein geschiedenes lippenpaar. In meinem blut trudelt ein schwarzer koffer stromab, von meinen stirnfalten laß ich neugier in die schluchten stürzen, meine nase niest auf die technik, auf die moderne technik des stempelns, des abstempelns des noch zuckenden fleisches . . .
Sieh an, ich lebe doch und noch, schön irr und sinnig, wie alt und hergebracht: friedfertig-fertig-fertig . . . pst!

Was kann ich entgegensetzen? Nichts nennenswertes.
Ich spüre euer mißtrauen, es tut weh. Aber mißtrauen gedeiht auch auf mißverständnis.
„Also — das verkannte genie!“
Ich kann mich nicht verteidigen, es ist mir lächerlich, um meine haut zu feilschen. Zugegeben, mein inneres ist wirr. Ich brauche zeit, zeit es zu ordnen.
Ich weiß, heilsam kann die geborgenheit im familienkreis sein, aber mir genügt das nicht, ich möchte mich in dieser gesellschaft geborgen fühlen, aber da ist für mich staubaufwirbler kein platz.
Das können wir uns nicht leisten, ich weiß, angesichts der ... naja usw. Dabei steht der mensch im mittelpunkt, und jeder mensch hat unendliche chancen.
Dabei gibts so viele böden, wo man wurzeln schlagen kann: produktionsarbeiter im dreischichtsystem . . . heizer, pförtner, küchenhilfen, beifahrer, hilfskräfte . . . Junge, die bauindustrie braucht dich . . . die hochseefischerei ruft . . .
Wer die qual hat, hat die wahl.
Sei es, wie es sei: bisher war ich sauber und anständig, das weiß nur ich. Aber vor der zukunft habe ich angst. Angst? Ich bin insofern ein normaler mensch, daß ich spüre: ich bin zu allem fähig. „Mein gott, solche perspektivlosen ideale!“ höre ich Sie noch immer schimpfen. Es war einmal . . . oder konkreter: „All mein Interesse und meine Liebe gilt dem, was irgendwie mit der Kunst in Berührung steht: Der Musik (obwohl ich vollkommen unmusikalisch bin), der Literatur (besonders der Lyrik), dem Theater und den verschiedenen Gebieten der Bildenden Kunst. Auf dem Gebiete der Malerei schreibe ich mir ein klein wenig Talent zu. Ein Talent, wie es Tausende und Abertausende auch besitzen. Doch ausschlaggebend, um Künstler zu werden, ist letzten Endes nicht nur das Talent. Die Liebe zu den Menschen, starker Wille, ein Aussagebedürfnis, Allgemeinwissen, ein hohes Bewußtsein und oft auch noch ein bißchen Glück sind oft die markanteren Teile, die den Künstler ausmachen. Ein Künstler dürfte nicht nach Ruhm, Wohlstand und Luxus streben, sondern lediglich danach, der Gesellschaft größtmögliche Werte zu schaffen, alle Menschen zu erziehen, zu bilden und zu erfreuen . . .“ Ja, so hatte ich mich im elften schuljahr in

einem aufsatz ausgedrückt, worunter mein deutschlehrer folgendes mit roter tinte schrieb: *„Künstler kommt von können, d. h. auf einem Gebiet muß er Überragendes können, wenn er sich über die Masse herausheben will. Und ganz richtig: Talent allein genügt nicht. Der Fleiß gehört auch dazu.“*

Nach meinem ersten selbstvernichtungsversuch (hahaha!), als ich nach zwei, drei noch folgenden bildern das malen aufgab und zu schreiben begann, jedenfalls intensiver zu schreiben begann, lernte ich in Leipzig durch zufall (wie denn sonst?) Michael Flade kennen, der gerade das schreiben aufgegeben hatte und zu malen begann. Uns einte vom ersten tag an der hohe anspruch, mit dem wir unserem neuen betätigungsfeld gegenübertraten.

Ich glaube, es paßt ganz gut zum thema, wenn ich mal etwas aus einem brief Michaels an mich zitiere:

„. . . Welche Verantwortung auch sollen wir nun im neuen Jahr haben, so frage ich? Wer sind wir, daß wir eine Verantwortung aufnehmen können?

. . . Sind wir oder werden wir Künstler; aber was, wenn wir die letzten Individualisten sind, das konträre Element zum Menschen von Magen und Wagen, der Mensch mit dem gereinigten Gehirn, der gerne gut ißt und fährt, onaniert und masturbiert, glaubt, daß 2 + 2 = 5 ist. Aber lassen wir diesen Menschen, der hypothetisch scheint, uns aber Angst macht. Deine Verantwortung will für und von jemandem Besitz ergreifen: ich habe gerade genug mit mir. Ist es nicht schon ein Wagnis, sich ganz für seine Idee ausschließlich zu engagieren? Das ist eine Verantwortung, deren Tragweite in hoch und tief nicht abzusehen ist. Man hüte sich, von einem Anspruch Gebrauch zu machen, von welchem die wenigsten etwas hören wollen. Ich meine, daß der Künstler so intuitiv sein muß, daß seine Werke wirken wie ein Rausch. Nietzsche steht in seinem ‚Zarathustra‘ mitten darin, in dieser Philosophie der Gefahr. Und warum soll man diese Höhen der Kunst nicht übertragen können? Was wird wohl wichtiger sein: der Mensch oder das Kunstwerk? Bei Nietzsche hast Du es, dort steht zuerst die geistige Haltung, an die Masse wird keine Konzession gemacht. Aber ich will mit Nietzsche, diesem verehrten philosophischen Lyrikmuseum, meinen Brief nicht enden lassen.

Wohin kommt Deine Kunst, wenn Du noch Schulmeister mit ihr sein willst, wo die Lyrik sowieso in den Geruch intellektueller Plakatmalerei gekommen ist? Zum Glück ist in Deiner Lyrik die Kraft einer anarchischen Idee; der Brühwürfel für glaubwürdige Emotionen, die sich erleben lassen. Solange Du dort Dein erfrischendes Format behältst, glaube ich Dir nicht Deine krämerhaften Lehrambitionen gegen eine recht fassungslose Umwelt.

Max Frisch stellt die Alternative: zwischen dem Höchsten schaffen und dem Niedersten dulden; meint das Absurde, was bei einem Zusammenschluß von beidem entsteht . . . Selbst die größte Summe absurder Erfahrungen läßt es (das Absurde) noch nicht kalkulierbar werden, denn dazu gehört der unglaublichste Fatalismus. Das fatalistische Moment tritt erst dann ein, wenn das Absurde evident, also allem Humanismus zur Farce wird.

Das Absurde kann so wenig Glauben sein wie Unglauben. Das Absurde ist ja schon in der Tragödie vorhanden, auch bei Shakespeare. Das Höchste schaffen, das Niedere dulden: das Absurde z. B. der Betroffenen des letzten Krieges ist nicht übertragbar auf einen Unbeteiligten, den man anschließend schuldig spricht, weil er das Absurde in der Tragödie gar nicht gekannt hat. Die Macht eines Schicksals und der Geist haben sich getrennt. Faschismus ist eine schicksalhafte Folge allen vernachlässigten Geistes.

Die Verantwortung des Künstlers in dieser Frage lehne ich ab, denn es geht nicht um Einzelne. Der Künstler weiß zwar um das Höchste und das Niederste, doch müßte er, um sich als Schicksalsverantwortlicher pathetisch auf die Brust schlagen zu können, sein Schaffen als das Höchste betrachten. Das aber tun die wenigsten, vielmehr gehen sie mit ihrem Zweifeln, ihrem Schicksal schwanger, und der Glaube eines Künstlers ist von unschuldiger Redlichkeit gegenüber seinem Werk bestenfalls getragen, aber nicht vom Größenwahn mit pauschalem Anliegen . . .

Meine Tat für das Gedachte und mein Sein!
Michael"

Solche briefe schrieben wir uns manchmal.

„Nun ja," werden Sie sagen, „alles ganz gut und schön, aber mein sohn dürften Sie nicht sein . . ."
Sie möchten gern wissen, was mein vater zu allem sagt.
„Tja," sagt er zu mir, „du mußt das selber wissen. Du bist nun alt genug." So fängt er immer an, aber ich höre das schon gar nicht mehr.
Aha, denken Sie vielleicht, ein zerrüttetes elternhaus, ein gleichgültiger vater usw. Nein, da muß ich widersprechen, das stimmt keinesfalls. Zugegeben, als kind bekam ich manchmal schläge von ihm, aber selten, doch je älter ich wurde, je sachlicher versuchte er mir, etwas beizubringen, bis er mir gegenüber eine tolerante haltung einnahm und heute noch einnimmt, obwohl er durchaus nicht alles verstehen und billigen kann, was ich so treibe.
Als ich zum beispiel das zweite mal von einer hochschule geschaßt wurde, sagte er: „Junge, ich versteh dich nicht. Du willst immer so empfindsam sein, aber scheinbar benimmst du dich überall wie ein pulverkopp. Und wenn es heiße eisen gibt, und die gibt's, so faß sie doch nicht an, da bekommst du bloß hornhaut auf die finger, und für die wirklich feinen dinge im leben wirst du unempfindlich."
Das war der bedeutsamste satz meines vaters.
„Ja-ja", sagte mein älteres ich, „unsere tage sind gezählt, gezählt sind unsere tage. Meßbar ist unsere weitsicht, gesucht wird vollkommenes, gefunden werden unzulänglichkeiten, addierbar sind einzelne teile, aber das leben fordert den einsatz unseres ganzen lebens . . ."
Nach einer pause: „Wir zahlen, wir zählen, wir rechnen, wir wählen; wir kaufen, wir schenken, wir dichten und denken."
Darauf mein jüngeres ich: „Hör mit deinem gefasel auf, deine worte kannst du dir an den hut stecken, mich überzeugst du von nichts, ich bleibe wie ich bin, wie ich sein möchte und wie ich hätte werden können . . ."
Das ältere ich ließ sich durch nichts beirren: „Behauptete jemand: am anfang war das wort, und siehe da: die idee wird zur materiellen gewalt. Sagte jemand: es werde licht, und siehe da: Sibirien hat strom in strömen. In meiner winzigen hirnschale strömt bewußtsein durch gebirge steppen wälder und eisregionen, mündet im ozean der gesellschaft oder versickert in einer sahara."

„Laß mich doch in ruhe“, schrie mein jüngeres ich, „ich bleibe sowieso wo der pfeffer wächst, wo sich die füchse gutenacht sagen, wo das land ein einziger schwarzmarkt ist, wo keine künstler als zeugen wachen, wo jede fünfte ehe kinderlos bleibt, wo die konfliktkommission versagt, wo vieles schon am ende steht und wo alles so entsetzlich klar ist . . .“
„Ja-ja“, ging mein älteres ich scheinbar auf mich ein, „ein gewimmer ist auf der erde, ein katzenjammer um den heiligen rock oder um eine steinerne mauer, um das wetter, um den fußball, um den tippschein.

Wölfe heulen noch, gebete werden gemurmelt, es wird geschrien, aggregate surren, plattenteller kreischen, liebesgeflüster und das röcheln sterbender . . .“

Und nach einer pause: „Wir rufen, wir schweigen, wir schlagen alarm; wir meinen alles zu sagen, wenn wir nur loben und klagen.“

Darauf mein jüngeres ich: „Coca Cola — mach mal pause! Ich bleibe sowieso im verruf, keinen beruf zu haben, keinen vater, kein land, keine konfession, keinen anstand, keine bildung, keine hemmung, jaja, ich bleibe, hier, wo ich zufällig bin, wo ich gesetzmäßig bin, wo ich hingehöre, wo ich nicht gebraucht werde, wo ich nicht beliebt bin, wo ich nicht in ruhe gelassen werde . . .“

Mein älteres ich faselt ununterbrochen seine lebensweisheiten vor sich hin, besser: laut, deutlich und zu meinem jüngeren ich gewandt: „. . . aufgewühlt wie der grund eines stromes . . . eigene erfahrungen schwemmen davon . . . zeitungsmeldungen gehen unter wie geröll, doch das leben bleibt ständig im fluß. Alles, was herausgegriffen wird, taugt nicht zum zeugen. Was begreifen wir schon?

Wir schwimmen, geben uns mühe, tauchen. Was uns von innen gegen die schläfen pocht, wer kann es deuten?“
Nach einer kunstpause: „Wir geben uns mühe, wir versuchen etwas festzuhalen von unserem leben. Was besagt das schon?“

„Nunja“, setzte das jüngere ich sein eigenes gespräch fort, „ich bleibe jedenfalls an der wurzel, an der quelle, an der basis, an der kette; im elfenbeinturm, im mauseloch, im mittelpunkt, im brennpunkt; auf dem boden, auf der hut, auf

der straße, auf der höhe; zwischen den türen, zwischen den stühlen, zwischen den zeilen.
Ich bleibe: wie ich bin, wie ich sein möchte, wie ich hätte werden können . . ."
„Das hab ich heute schon mal von dir gehört!" unterbrach mich barsch mein reiferes ich, „jedes kind würde fragen: Who are you? Wer bist DU?"
Und nach einer längeren besinnungspause wieder gemäßigt, aber dennoch streng und würdig: „Zugegeben, ich weiß keine antwort, ich gebrauche auch keine ausrede, gebe mir keine mühe, eine erklärung zu finden oder mir einen schönen namen zu geben oder einen besonderen titel. Ich lache einfach schallend und das kind lacht dann auch. Ich heb mir das kind übern kopf und so gefallen wir uns . . ."
Nach einer ganz kurzen, kaum merklichen pause setzte das reifere, ältere ich seine ausführungen fort: „. . . auch das ist zuwenig, sage ich mir, wenn mich in aufregenden augenblikken meine bescheidenheit verläßt, stürze ich mich auf schreibtischplatten, bettlaken, theken und startplätze . . ."

Der blaue hahnenschrei am himmel lodert wieder

Der schwarze zusatz auf der sonne zwischen den zwei dicken fingern der natur nimmt gestalt, nimmt eine bedrohende, mir zumindest bedrohend erscheinende gestalt an.

Es ist das grüne gebet morgens, kurz vor einem sommer, das mich zwingt, mich aus dem fenster, grundsätzlich aus jedem fenster zu lehnen, welches sich öffnen läßt, denn ich fühle mich dazu berufen, mich aus allen fenstern zu lehnen, um mein grünes evangelium loszuwerden. Kreuz und quer spul ich mir die worte und wendungen aus dem mund. Jeder punkt ist ein knoten, jede atempause eine masche im netz, das ich aus den fenstern einer jeden ortschaft werfen möchte. So kommt ein gewebe zustande, es fühlt sich wie ein tuch an, nein, Deutschland, ich web dir kein leichentuch, höchstens ein filtertuch aus grünem gebet.

Ihr nehmt mich zu recht nicht für voll, ihr haltet mich für zu grün, das freut mich, denn ihr lebt mir auf alle fälle zu fett und zu süß, ihr gut gefütterten, aber schlecht ernährten, ihr . . . Auch wenn ihr grünuniformiert vor den sittlichkeitsampeln steht, gesinnung und geschlecht kontrollierend, so seid ihr doch nicht die herren der lage, denn die fettverbraucher gewinnen die oberhand, sie steigen gesetzmäßig nach oben, hier, im land der wörter und wendungen, wo substanz nach unten fällt, aber ich, ich fühle mich gespannt wie das hohe E auf einer gitarre und laß meinen schrillen einfluß in das große schall-loch ein, ohne einfluß auf das, was der große dicke bauch des ewig-weiblichen instruments aus meinem orgasmus macht und wie er mein vibrieren mit gewicht, form und volumen wieder herausläßt, herauspreßt.

Mein schallendes gebet ist kurzlebig; tagtäglich muß ich es wiederholen, das ermüdet mich und euch soll das erfrischen, welch ein dialektischer unsinn. Aber ich dichte mir grünen

samen an und beschäftige mich auf harmlose art: fenster aufstoßen, ins schwarz-rot-goldne hinein grüne gebete murmelnd . . .
Für land & landschaft diesen zwischenruf:
Trauerweiden und schmutzige flüsse, abflüsse der industrie, überfahrt am Schreckenstein von Ludwig Richter, das waren noch zeiten, als wir noch mit den händen beteten (reine handarbeit!). Als die flaggen mit gekreuzten haken vorüberrollten, ach, was haben wir nicht schon kommen und zerbrechen sehn in diesem durchzugsland, wo die alpenveilchen blühn. Fastnachtsgäste, bombenbeladen und stinkbesoffen, streuen das stopschild-konfetti über die pilgergassen der großmächte. Nein, das hält kein schnee aus, kein wind, kein regen, kein sonnenstrahl.
Wo der abendgruß das weinglas läutet, hinterm ofen die keiler, nistet sich der frieden ein gegen den frieden der biersäufer. Sirenengeheul auf den tanzsälen der schrittmacher und muttermilchtrinker. Hier und da ein fernsehturm für die horchposten. Im trinkwasser zersetzt der zynismus die keime der fruchtbarkeit, geatmet wird schlamm aus den schloten der genußindustrie. Eine leuchtreklame wirbt um die zukunft der menschheit. *„Ein Sumpf zieht am Gebirge hin . . .“*
Soll die regierung ein neues volk wählen, da sie die vergangenheit bewältigen will?
Das sind die niederträchtigen winde aus den offenen löchern der hinterhältigen dialektik.
Wir in den wunden aufgewachsenen suchen die letztmögliche dimension der gesetze und zeitungspsalmen. Über die wälder und flüsse breiten sich die aus, die über kein innenleben verfügen.
Weiter nichts; das war's.
Hinweg mit euren krücken und stelzen! Eure technische hilfe, euer überangebot an wohlstand, eure sensationellen rekorde in euren berechnungen, nichts kann mich überzeugen, interessieren und von meiner schwermut heilen.
Jeder glaubt mir zu helfen, wenn er mir eine dienstleistung anbietet oder mir einen der ratschläge erteilt, die vor hundert jahren gültig waren. Mancher versucht mir zu helfen, wenn er mich dem und jenem vorstellt oder mich da und dort einführt. (Als könnte ich nicht von selbst dahingelangen.)

Wer versucht mich nicht alles einzuweisen in die bahn, die ich zu gehen hätte! Alle erwarten ein prächtiges dankeschön und eine antwort, die sie sich schon selbst gegeben haben. Nein, ihr soldaten, ihr roboter, mit mir nicht!
Mit euch in die menschheitsdämmerung, oh, der gedanke allein, mir wird schwarz vor augen. Dennoch: es graut. Mir graut es auch. Vielleicht tagt es sogar. Ich vertage meine ängste bis zum blutroten abend. Man rüstet jetzt vielerorts für die nacht: im schlafanzug. Man rüstet auch für den tag: flugzeuge starten mit napalm und bomben an bord. Der globus ist noch rund. Es lebe die deformierung! Ein hoch dem chaos und der katastrofe! — oh, die träume sind furchtbar. Wer schickt uns die träume?
Keine frage: Singt mit! Reiht euch ein! Auch deine stimme zählt! Jedermann an jedem ort . . . Gegen den klassenfeind . . . Auf dich kommt es an! Junge — die bauindustrie braucht dich! Lauf dich gesund! Alles rennet, rettet, flüchtet . . . Panik breitet sich aus, wenn er den rachen öffnet . . . Das wertvollste, was der mönch besitzt, ist sein ummauertes leben. Meistens bin ich, wenn ich bin, ein fragezeichen, ein krummer, bohrender wurm.
Oje, wir ausrutscher aus den hastigen kriegstagen, wir vom jahrgang 44, wir kamen mit schlagseite zur welt; gebrannt, scheu und abgebrüht, bekamen den laufpaß und lernten nie das deutsch-miteinander-reden, weil die länder gespalten sind, die welt samt den worten. So halten wir die stimmzettel hoch, unsere schwurfinger und unsere fäuste, lassen brieftaschen sprechen oder schweigen uns die scharfgewetzten fingernägel wund. Jedes wort wird zum klischee, zum zeichen der schwäche, zum anlaß für mißgunst, jedes deutlich-deutsche wort wird zum bumerang, der zurückfällt in die barbarei. Sagen Sie nicht, diese zeiten wären überwunden, ich glaubte Ihnen gar zu gern, ich möchte Ihnen gern glauben, aber an was soll ich denn noch alles glauben?
Da steh ich nun. Was tun? Ich muß schon sagen, ich stehe wie ein ratloser radfahrer vor einem radlosen fahrrad. Was tuuun? Ich pfeife aufs rauchen und rauche pfeife und denke nachdenklich nach. Ich zitiere mich vor langer weile selbst:

in den sprechzimmern hört man es wimmern
in den schreibstuben schwatzen die spitzbuben
aus dem krankenhaus kommen gesunde heraus
und am biertisch schmeckt das bier nisch

ach sie früße sau — verzeihung — süße frau
wie soll ichs ihnen antun?

ei da schmeißt ein g-eifriger staatsbürger mit
schrecksekunden und will meine naivität verwunden
aber das wird ihm nie gelingen
mich in den verband verhinderter künstler zu bringen

und die zeit verzählt sich nicht
und der raum der dehnt sich nicht
und die welt versteht mich nicht
der kosmos ist der friedhof meiner sorgen
ab morgen will ich mir antworten borgen . . .

Verzeihen Sie mir diesen lyrischen weltschmerzerguß, mir wird's nun besser, ich sehe schon wieder klarer, ich und ich . . . Wir wollen denken und fühlen, wir denken und fühlen, was wir wollen. Was wollen wir denken und fühlen?

Ich fühle: ein taifun sucht mich heim, wortsand will mich verschütten, es regnet steine auf meine haut. Ich merke: da beugt sich was her über uns, ein loch, ein riesiges loch bläst uns was an, damit wir unsere zunge strecken begeistert zum lecken. Ich denke: nichts arges dabei, denn so schmeckt ein teil unseres lebens. Ich knöpfe den hosenstall auf und schließe den hosenstall wieder; ich laß mich von gefühlen leiten und ich leite gefühle; ich bin dem tod entronnen und bereite mich auf weitere geburten vor; ich entferne mich von meinen großvätern, um meine enkel zu suchen; ich zähle bis zehn und wieder zurück ohne nutzen für die gesellschaft; ich übe das leben, ich pflege das leben, ich lebe das leben; ich will, wir wollen, ich fühle, wir fühlen, ich denke, wir denken: ans leben, ans überleben, ans weiterleben, ans auf- und ableben.

Das ist die wahrheit, das ist meine wahrheit, das ist unsre wahrheit (eure wahrheit ist mir unbekannt, aber ich weiß von ihrem hinterteil), denn die wahrheit ist rund, hat volumen, ist ein schöner körper mit gebärfreudigem becken ohne ute-

rus. Ich und ich: Wir befühlen uns, wir bedanken uns, wir befruchten uns, wir beleben uns auf kosten des todes samt seiner ewigen freizeit . . .
Ach, freunde, haltet mich auf, ich spreche laufend von mir und breite mich aus, ohne zu wissen, wie man zeugt oder vernichtet. Ich sah zwar schon manche ruine, ich sah auch im bau befindliche bauten, und jedesmal sann ich nach über die bestandteile der steine und der ewigkeit und gelangte über die gitterstäbe am irdischen firmament zu den ergebnissen der sehnsucht und trunksucht.
Ich bin schon fünf jahre verheiratet, vater von drei söhnen, aber ich weiß noch immer nicht, wie man zeugt oder vernichtet. Ich bin kein Gott, obwohl ich gern unsterblich wäre und gern zu unterscheiden wüßte zwischen zeugung und vernichtung und woher man talent bekommt und ausdauer und frieden.
Möglich, daß ich das nebensächlichste im auge habe, daß ich von atombomben spreche und an brombeeren denke, daß ich brot für die hungernden fordere und pralinen verzehre, daß ich kinder in die welt setze, die gleich mir nie erfahren werden, wie man zeugt oder vernichtet, wie es sich geistlos lebt oder allwissend.
Möglich, daß ich noch von dieser oder jener tonleiter fallen muß, möglich, daß ich mal in einer grube lande, aus der ich euch alle am arsch lecken könnte . . .
Ach, freunde, haltet mich auf, ich spreche laufend von mir, ohne zu wissen, wie man zeugt oder vernichtet . . .

Und nun ein paar worte, nein, keine worte, nur ein paar zeichen des trunkenseins, des leichtsinns, der wahnsinnigen vorahnung meines großen fluges, meines freien falles in den kosmos . . . Noch stehe ich hier, hier, am abgrund meiner lebenszeit und himmle die hölle an, die blonde hölle, die sich womöglich Betty nennt, und ihr vater hält mich für einen tunichtgut, dabei tat ich seiner tochter so viel gutes an in ihr, ach Betty, meine kleine elfenbeinhölle, in die ich gefallen bin nach allen regeln der schwerkraft, das ist nun mein jämmerliches resumé, daß ich hier sitze, allein und besoffen meiner zärtlichen unterwelt gedenke, in der ich mich so geborgen fühlte, in meinem fleischbunker, ach Betty, wozu brauch ich

die sonne, wenn ich glühe in dir? Wozu den hochstapler mond, wenn ich fürs tiefstapeln bin? Wozu die strengen verwandten, die einen schlaganfall bekämen, wenn die wüßten . . .?
Wer versucht sich hier selbst zu zeugen? Wer will morgen geboren werden und Peter heißen? Ich ich ich ich ich ich ich ich ich. Wo äußert sich inneres? Wie bereitet man sich auf den tod vor? Wie hoch ist meine überheblichkeit? Wie oft verwechselt ihr euch mit mir? Was betrifft nur die getroffenen? Was hat nichts mit politik zu tun? Mir kommt es vor, als säße ich mitten in europa in einer mitropa und hörte mir die letzte durchsage an: „achtung, achtung! letzte durchsage: begatte sich, wer kann!"
Mein vaterland für einen fleischbunker, möchte ich ausrufen ohne rot zu werden, denn warum spricht man ph wie f aus? Warum laßt ihr euch auf diese fragen ein, warum gehen wir keinen wichtigeren beschäftigungen nach? Weil wir andere sorgen haben, aber keine eigenen? Weil wir mit vollem mund nichts dazu sagen können? Weil wir vor lauter lebensaufgaben unser leben aufgaben? Ach, Betty, mich kann nichts treffen in dir; mich kann nichts schlimmer treffen: ich bin allein in dir, allein, ich ich ich ich ich ich ich. Und kein du, das ich dir anbieten könnte, kein versprechen, das ich einhalten könnte, denn menschen von meinem schlage stehen überall hintenan, uns beißen die hunde, die nonnen und nationalpreisträger meiden uns, wir arbeiten gegen die zeit, zwar arbeitet die zeit für uns, aber jeder hund läuft achtlos vorüber, die halbe welt steht kopf, vorüber ziehen gerüchte: ich bin! In dir, ich bin in dir, müßte ich der vollständigkeit halber noch hinzufügen, denn männer wie ich klammern sich ans leben, und nur in euch, frauen, sind wir unausrottbar.
So sinke ich denn hinab in den sumpf — oh, welch erhebendes gefühl! Wer hier die pointe eines witzes wittert, irrt sich gewaltig, denn hier halte ich zwiesprache mit meinem spiegelbild; für einen augenblick blicken augen in blickende augen, da weiß ich bescheid, nein, da weiß ich plötzlich überhaupt nicht mehr, was ich eigentlich wollte, da halt ich mich womöglich noch für meine eigene neuerwerbung, weil es mir gelang, allerhand neue ichs zu werben in meiner kurzen biblischen geschichte, die nun schon enden soll in anbetracht

der abgründe, die sich mir auftun, aber die gefahr des überlebens ist bei mir durchaus drin, und darauf spekuliere ich. Zugegeben, von humanität habe ich keinen blassen dunst, und manchmal sehe ich den wald vor lauter pilzen nicht und den himmel vor lauter wolken nicht, und dann habe ich noch die angewohnheit, mich vor dem lachen der fröhlichen leute zu fürchten, weil sie dann ihre bissigen zähne zeigen. O Gott, mein Gott, ich könnte heilig werden bei meinen ungestümen ambitionen, die ich nicht mehr fesseln kann. Das, so würde jeder kleinbürger sagen, sind die entfesselten triebe eines größenwahnsinnigen kleinbürgers. Haha, hihi, mehr kann ich darauf nicht geben. Oh, fülle des lebens! Keine angst, ihr feindlichen freunde, der tiefausläufer in meinem bewußtsein zieht wieder ab, westöstlich.

Man kann hören, was man will; man kann sehen, was man will, alles kommt einem bekannt vor, mir jedenfalls geht es so, vor allem, wenn ich mal nichts hören und nichts sehen will, weil ich vielleicht die schnauze voll habe von all den unüberhörbaren und unübersehbaren dingen, die es da nur gibt, um von uns gehört und gesehen zu werden.
Himmelherrgottsakrament! Es gibt keine zweckgeheiligten mittel. Letztlich ist alles zwecklos, was keinem selbstzweck dient. Wenn schon vom dienen die rede sein muß, bin ich satt bis obenhin. Ach, laßt mich doch leben mit meiner eigenen sonne im herzen, ich werde schon keine kriege anzetteln, ich würde mich höchstens zu tode lieben zwischen den schenkeln eurer töchter, ohne jemals zu klagen über die anstrengenden, mechanischen bewegungen.
Sie glauben wohl auch, mir wäre noch nie ein gedicht von Alvaro de Campos zwischen die finger gekommen?

„Sein, was ich denke? Was denke ich nicht alles!
Alle diese Leute, die glauben dasselbe zu sein!
Ein Genie sein? Wie ich
Träumen jetzt hunderttausend Gehirne davon, Genies zu sein —
Und wer weiß, ob auch nur eines von ihnen in die Geschichte eingeht . . .
Von all diesen künftigen Großtaten bleibt höchstens ein

Misthaufen übrig.
Nein, ich glaube nicht an mich.
Wieviel Narrenhäuser! Wieviel Narren darin! Wieviel Gewißheiten!"

Sie meinen wohl, ich glaube an mich?
Tatsächlich, Sie haben recht: ICH GLAUBE AN MICH!
Und mein glaube ist etwas anderes, als die gläubigkeit derer, die sie an mystisches, rätselhaftes und spekulatives oder an sonstige ungewißheiten verschwenden.
Mein glaube an mich schließt die größten gewißheiten ein, die man erreichen kann, denn immerhin glaube ich, mich noch am besten erkennen zu können. Ich bin. Und ich bin mir dessen bewußt. Das genügt vorerst.
Überdies verspüre ich den wunsch, mich auszubreiten. Wenn ich all meinen ichs nur eine seite meines romans widmen würde, es käme wohl das dickste buch der welt zustande; so viele ichs entdecke ich in mir, entdecke ich an euch. Nur in brutalen katastrofalen zeiten mag man wohl am schmerz der glieder und organe das primitive mein und dein auseinanderzuhalten wissen.
Wir leben in einer welt und zeit der unbegrenzten möglichkeiten. Wirklich?
Doch: eine absurde welt wie die unsre birgt ungeahnte, unfaßbare, unabsehbare möglichkeiten. Ich leide, du liebst und er wird schmerzlos vernichtet . . .
Doch wahrheit ist: ich liebe, d. h. ich war nach einer umarmung meines erzeugerpaares der erste (war also schon einmal sieger), der in schlängelnder bewegung unter 264 millionen konkurrenten zuerst und als einziger in mutters eizelle eindrang, schließlich entwickelt und geboren, benamt, erzogen und nach dem abitur ins leben, in diese welt, dieses jahrhundert, dieses milieu gestellt wurde.
Da soll ich nicht an mich glauben, wo ich das schwerste schon überstanden habe?
Daß ich zum leben gekommen bin, ist nicht mein verdienst, aber wie ich nun die chance aufzuleben und fortzuleben nutze, das ist meine wichtigste angelegenheit, deren verantwortung unübertragbar ist.

Natürlich muß ich mich mit den mich umschließenden gegebenheiten einesteils abfinden, andererseits auseinandersetzen, aber das sind platte selbstverständlichkeiten. Und überhaupt! Was nützt alles lamentieren oder filosofieren über das leben, wir denken zu viel und zu abstrakt, denn wir können nur mit worten denken, mit einfachen wortkombinationen. Und was sind schon worte, begriffe, zeichen etc. gegen das, was wirkliches leben bedeutet?
Wenn wir vom klarsehn, von weltanschauung, von lebensauffassung reden, dann meinen wir unser herumgestake mit dünnen und krummen wortstelzen in dem medium, das wir kurzerhand mit welt betiteln. Natürlich bemüht sich alles, nach systemen systematisch zu fragen oder zu suchen und noch mehr zu antworten, aber ist Ihnen schon mal klargeworden, daß es schier unmöglich ist, alles systematisch oder logisch zu erfassen? Nichts geht im leben vollkommen auf, immer und überall bleibt ein rest zurück, den man gar zu gern als abfall beiseite schiebt. Gerade dort keimt eines tages ganz unerwartet etwas ganz unerwartetes, etwas neues, noch nie dagewesenes auf.
Na und?
Oh, diese dümmlichen feststellungen, festlegungen wieder, dazu in solchen prasseldürren worten!
Am liebsten würde ich noch mal die annonce von Ezra Pound aufgeben:

> *„O Gott, o Venus, o Merkur, Schutzherr der Diebe,*
> *gebt mit ein kleines Tabakgeschäft*
> *oder irgend einen Beruf*
> *außer diesem verdammten Beruf zu schreiben,*
> *bei dem man dauernd seinen Verstand braucht.“*

Ich kann hören, was ich will, ich kann sehen, was ich will, für mich ist alles neu, jedenfalls scheint mir es so, vor allem, wenn man mal richtig aufgeschreckt wurde aus diesem dämlichen halbschlaf, der uns den blick trübt für die zusammenhänge der organe und glieder bei der kosmetischen behandlung kosmischer körper.
Und nun? Jetzt muß ich mich ganz einfach entschuldigen, etwas zurücknehmen, wieder in die tube zwängen, nochmals

entschuldigen, zugeben: das war zu dicke aufgetragen, also sich mit dem rest begnügen, den rest gut verreiben, das wirkt, trocknet schnell, wirkt glaubhaft.

Darauf noch ein zitat von Alfred Döblin:

> *„Es gibt noch jetzt zahlreiche Autoren in sämtlichen Ländern — sagen wir ruhig die kompakte Majorität der Autoren —, die ihre soliden Bücher bauen, Erzählungen von großem und kleinem Umfang abfabeln, abhaspeln, Dinge mit einem richtigen Ende, als ob es so was gäbe, und die sich nie Gedanken über diese Schreibweise, Denkweise, Fabulierweise gemacht haben und denen ihr Tun nie komisch erscheint.“*

Eben das meine ich, wenn ich behaupte, es gibt nichts, an das ich nicht ebenfalls schon mal gedacht hätte, aber das ausgesprochene zählt, und ich bin froh, daß es überhaupt ausgesprochen wurde, dabei ist es mir vollkommen egal, ob aus dem munde eines Zarathustra Mohammed Buddha oder Jesus. Und zur zeit bin ich sehr empfänglich für solche worte, weil sie mir den mut einflößen, doch meinen verstand zu gebrauchen samt meinen sämtlichen zellen, muskeln, knochen und anderen organischen ballaststoffen des geistes.

Will ich ein Künstler werden?

Die exklusive Konzentration des künstlerischen Talents im einzelnen und seine damit zusammenhängende Unterdrückung in der großen Masse ist Folge der Teilung der Arbeit. Wenn selbst in gewissen gesellschaftlichen Verhältnissen jeder ein ausgezeichneter Maler wäre, so schlösse dies noch gar nicht aus, daß jeder auch ein origineller Maler wäre, so daß auch hier der Unterschied zwischen ‚menschlicher' und ‚einziger" Arbeit in bloßen Unsinn sich verläuft. Bei einer kommunistischen Organisation der Gesellschaft fällt jedenfalls fort die Subsumtion des Künstlers unter die lokale und nationale Borniertheit, die rein aus der Teilung der Arbeit hervorgeht, und die Subsumtion des Individuums unter diese bestimmte Kunst, so daß es ausschließlich Maler, Bildhauer usw. ist schon der Name die Borniertheit seiner geschäftlichen Entwicklung und seine Abhängigkeit hinlänglich ausgedrückt.
In einer kommunistischen Gesellschaft gibt es keine Maler, sondern höchstens Menschen, die unter anderem auch malen."

(Karl Marx)

Will ich noch immer künstler werden? Werden?
Künstler kann man nicht werden, man muß es sein!
Also!

. . . ich schwebe von wolke zu wolke mit bleiernen sohlen . . .

KUNST KUNST KUNST

„Ach, was vermagst du zwischen Höhle und Bar,
zwischen Messerklang am Opferstein und Radio?"

(Georg Maurer)

KUNST KUNST KUNST

falsch gedeutet, ausgelegt und nie genau definiert, der rest ist mißtrauen, ablehnung oder vergewaltigung.

Pinsel feder taktstock und maske (absolut nichts absolutes) und trallala und hallotria und peng! peng! peng!

und grabgesang und herrscherlob und zwei zertretene ameisen oder vier millionen jüdische opfer und SOS-rufe und zwei männer den mond betrachtend und mehr einsatz und härte.

Verkuppelt verschwägert verbrüdert (bedauerlicherweise humor, homer oder so ähnlich), solche bindung überdauert die zeiten.
Religionen, weltanschauungen und künstliche sonnen bescheinen die probleme der verbundenheit: mits volk fürs volk gegens volk. Mit einsatz aller nuklearen posaunen schwillt Beethovens neunte zu einem schmerzlosen schlußchor an . . .
Aber!
Meine damen und herren!
Sie hören jetzt das bittre lied vom süßen leid.
Danke danke!
Übrigens: kennen Sie den?
Wo einer gestellt und gestillt, abgesucht und aufgefunden, aufgesucht und abgefunden . . . ?
Na also!
Es lebe die liebe, die lebhafte leiche!
Es leben die friedlichen kriege!
Es lebe die kunst für die katze!
Und überhaupt:
Hier hat des sängers höflichkeit zu schweigen in endloser fortsetzung von ewigkeit zu ewigkeit . . .
AMEN!

O yes, beauty is difficult, yes, yes, schönheit is'n schwerer brocken, mein verehrter meister Pound.
Wenn ich doch schweigen könnte oder wenigstens mein großes maul noch unter kontrolle hätte, aber so . . .
Kaum abzusehen ist die reihe der verbannten und ermordeten künstler: gestorben im exil; zum selbstmord getrieben; im zuchthaus zugrunde gegangen . . .

Will ich ein künstler werden?
. . . worunter mein deutschlehrer folgendes mit roter tinte schrieb: „Künstler kommt von können . . .“

„Du siehst“, schrieb mir Michael F. in einem brief, *„ich halte Dir die Treue, ganz gewiß; mon chér, wenn wir nicht in das Panoptikum der Berühmtheiten eingehn, wer sollte es dann (?)! So laß uns wenigstens einen Briefwechsel führen, um alle Welt zu verarschen, ihr das blendende Weiß unsrer Zähne zeigen, die, ich weiß es, mehr Fleisch essen werden als alle Fleischer dieser Erde. Wenn wir nichts zu ändern vermögen, so laß uns wenigstens die Kapaune der Phantasie sein, damit sich jene an uns mästen können, die ohne uns Müllkutscher wären. Wem werden wir noch alles Brot geben? Aber vor allem uns selbst. Wir müßten dem Surrealismus eine esoterische Renaissance verleihen, ehe er ganz verlorengeht. Ich bin dieser Überzeugung, weil eine neue Individuation des Lebens geschaffen werden muß. Und wenn ich von Esoterik spreche, dann meine ich, daß die Zeit für eine neue Elite reif ist. Packen wir zu, der Stern scheint von Asien herein. Doch ehe wir ihn anbeten, müssen wir ihn europäisieren, denn für einen Import par excellence sind wir zu sehr Europäer. Hier sind wir zuhause. Und auf uns ist zu guter Geist überkommen, als daß wir ihn, was typisch deutsch wäre, einem radikalen Verwerfen anheimstellten. Laß uns sehen, welche Nuancen für unser Leben gut sind, und wir werden allen Kulturpessimisten den Wind aus den Segeln nehmen. Es ist verdammt einfach, unglücklich zu sein. Aber Glück, dort wird unser Geheimnis liegen . . .“*

Na also: es lebe die gunst, kunst oder so ähnlich! Wir sind im kommen. Zieht die köpfe ein! Es knallt gleich. Gestatten Sie uns eine kurze verzögerung, das erhöht die spannung. Aber seid gewiß: Ihr werdet von uns hören!
Falls sich die politiker für einen krieg entscheiden, das sei noch gesagt, bevor wir am ruder sind, wir rücken mit gezücktem phallus an die front, wir werden leben zeugen, fleisch, tonnenweise.
Sie verstehen natürlich, kein schlachtfleisch für die kreuzzüge einer monopolgesellschaft oder einer weltanschauung, sondern freies, liebendes fleisch für unsere ideale, illusionen, träume und — gewißheiten.

Ein heft aufschlagen:
eine weiße, unschuldige, saubere seite . . .

Einen schritt tun:
nein, auf kein neuland:
einem ausgetretenen, staubigen weg folgen die füße.
VEB KOMBINAT „OTTO GROTEWOHL" BÖHLEN
Rußteilchen, kohlenstaub, verschiedenste gase (anheimelnder mief), paar nasse spritzer irgendwoher, weiße bis dunkelgraue wolkenfahnen und allerlei zisch- und pfeiflaute aus dem alfabet der industrie.
Die erste heftseite bleibt unbefleckt.
Die blicke verirren sich in rohrnetzen winkeln kugeln kegeln rhomben quadraten zylindern: senkrecht waagerecht, kreuz und quer; klein und groß, hoch und tief, dick und dünn; braungrau schwarzgrau grau rotgrau grüngrau und wieder graubraun.
BRAUNKOHLE: tagebau brikettfabrik schwelerei.
Alles in allem: ein totes gleis. Ab 1975 sollen diese betriebsteile stillstehen.
ERDÖL: das pfeifen schon die spatzen vom dach.
Und die sonne schweigt heute . . .
SCHWELEREI: das erste wort fällt: GLÜCK. Das zweite: AUF!
Ich erwidere: „Glück auf!"
„Na, hier lohnt sich's nicht erst anzufangen!"
Der es sagt, lächelt verschmitzt und überlegen, aber auch herzlich. Ich versuche das lächeln nachzutun und zücke mein heft. Fakten will ich wissen!
„Reporter?"
„Nein. Schreiberling."
„So?"
„Ja."
„Das ist fein: brigadetagebuch, wandzeitung, ausgestaltung von veranstaltungen . . ."
„Nein, eigentlich nicht . . ."
„Also hier im tagebuch sind wir jetzt drei monate im rückstand."
„Ja, ich verstehe schon, aber können Sie mir . . . kannst du mir mal . . ."
„Natürlich, arbeitsschutzkleidung. Wird geregelt."
„Kannst du mir erst mal . . ."
„Kann ich!"

Fakten will ich wissen.
Ich bekomme sie. Der meister erklärt mir bei einem rundgang die arbeitsprozesse und die technologie der schwelerei.
Er erklärt es mir so, als würde ich hier ab nächsten ersten als ingenieur eingesetzt.
Die ersten heftseiten kritzel ich mit halbverstandenen formeln und auch mit hinweisen voll, die ich auf den zahlreichen schildern und tafeln entdecke. Zum beispiel: Schutzhelm tragen! Rauchen verboten! Achtung Stufe! Neuerer, steck deine Nase in alles!
Ich riß die seite bald wieder raus und zerknüllte sie.
Sind das denn die fakten, die ich wissen will?
Die arbeitsplätze kenne ich nun einigermaßen. Aber was weiß ich von denen, die dort arbeiten?
Ich bin mit dem meister Schulze in einem solchen schwelofen, der gerade generalüberholt wurde, von oben nach unten durch alle schächte und luken gekrochen. Mit irgendeiner begeisterung, der mich immer wieder anstecken wollte, erzählte er mir von trocknerschläuchen und brennkammern und von vielen vorläufig unwiederholbaren einzelheiten.
Na, dachte ich mir, ob er mich in das kollektiv seiner brigade oder in das labyrinth eines einzelnen menschen auch so gründlich einführen kann?
Warum erwarte ich das eigentlich?
Er ist ein guter meister. Das hat man mir schon vordem mitgeteilt. Er kennt seine pappenheimer. Er kennt ihre geburtstage und schickt jedem eine glückwunschkarte. Er weiß, wie lange sie schon in diesem betrieb sind. Er selbst arbeitet schon seit '48 dort. Er hat dachdecker gelernt. Nach dem krieg gab's zwar zerstörte häuser, aber keine dachziegel.
Böhlens werke sollten wieder energie erzeugen: aus braunkohle gas benzin koks teer, schließlich auch igelitschuhe.
Böhlen bot guten verdienst, bergmannsschnaps, zeitiges rentenalter und deputatkohle.
Das lockte die zunftgesellen der brotlosen berufe: die bäcker, friseure, schriftsetzer und die kleinen exbeamten aus den nazischreibstuben.
Da wollten die unwissenden, aber verhamsterten burschen den trocknen koks zum beispiel mit rucksäcken ins eigenheim

schleppen, aber der ungelöschte koks entzündete sich, so daß mancher rucksack aus dem zug geworfen werden mußte.
Also sieh an: früher und heute — kein vergleich.
Aber weltniveau und diese art der kohleveredlung beißen sich auch.
Erdöl. Ja erdöl erobert zepter und krone. Technische revolution. Automation.
„Na, da hastes! Wenn die drüben 'ne zeche stillegen, wird bei uns großer klamauk gemacht . . ."
Die arbeitsproduktivität soll auf 600 % steigen, mit der hälfte der heutigen arbeitskräfte. Schon in naher zukunft müssen die ersten 4000 arbeitskräfte umgesetzt werden.
„Ba, da hastes . . .", höre ich wieder die bekannte stimme aus irgendeiner bewußtseinsecke zischeln.
„Arbeit gibt's zwar genug, aber das muß stimmen!"
Der es sagte, rieb dabei den daumen und den zeigefinger einen moment zu lange gegeneinander. Das gefällt mir nicht. Ich weiß zwar nichts von dem menschen, ich will nicht voreingenommen sein, aber das gefällt mir irgendwie nicht . . . nein!

„Hier!"
„Danke. Ich hab mir's abgewöhnt."
„Achja, ich auch — schon mehrmals!"
Dann flammt das streichholz auf. Seine augen schielen liebevoll, besorgt und konzentriert auf den anglimmenden zigarettenanfang. Wieder einen moment zu lange, wie mir scheint.
„Komm!"
Ich ging mit. Warum denn eigentlich? Was will er denn von mir? Ich könnte doch höchstens was von ihm wollen.
Mit dem wollte ich mich doch gar nicht einlassen. Einer, der so lange und bedeutsam den zeigefinger gegen den daumen reiben kann.
Nach der rauchpause weiß ich mehr über ihn: er hat pech mit seinem jüngsten. Der ist nur sonderschulreif. Er ist verklemmt und wortkarg, um nicht zu sagen wortlos, der mir gesagt hat, daß er Ernst heißt, und zerknittert sieht er auch aus, eigentlich ehrfurchterweckend.

„Ich schreibe manchmal so meine gedanken auf . . . macht spaß . . .“

Was erhofft er sich denn von mir?

Er ist im besten fall ein schreibender arbeiter, und ich bin in meinen glücklichsten stunden ein arbeitender schreiber.

> *„. . . Die exklusive Konzentration des künstlerischen Talents im einzelnen und seine damit zusammenhängende Unterdrückung in der großen Masse ist Folge der Teilung der Arbeit . . .“*

Nicht daß ein schreibender arbeiter rein vom talent her einer künstlerischen leistung nicht fähig wäre, aber wie ein arbeiter, der acht und mehr stunden täglich eine unschöpferische arbeit verrichten muß, keine wissenschaftliche problemleistung erfüllen kann, genausowenig kann er auf künstlerischem gebiet entscheidendes beitragen . . .
Es geht ja um künstlerische selbstbetätigung, werden Sie einwenden, zugegeben und nichts dagegen, aber ein überlasteter mensch, der nun mal seine acht stunden bei unschöpferischer arbeit runterschrubben muß, wird durch halbfähigkeiten zum dilettanten, multifunktionär, der mit seinen angesammelten gemeinplätzen, vorurteilen und unverdauten gedankenfetzen mehr schaden anrichtet, vor allem, wenn er im besitz von materiellen und politischen machtmitteln ist und darüber zu entscheiden hat, was echt, wahr und erbauend für . . . für wen? . . . für die jeweils herrschende klasse ist. Das ist eine undankbare aufgabe, doch der auf der strecke zur universellen bildung gebliebene dilettant meistert mit einer unverfrorenheit, die sich nur durch ihre naivität erklärt, jede aufgabe. Das ist solcher leute gabe, die sie niemals aufgeben, deshalb sind solche leute gefährlich. Doch wenn ich an Paul Gratzik, Wolfgang Hilbig oder Gert Neumann denke, vergeht mir dieses denken.
Behauptungen, verallgemeinerungen! Dabei wollte ich mich niemals mehr dazu hinreißen lassen, weil ich weiß, daß all das, was sich nur an die vernunft richtet, sehr wenig wahrheit beinhaltet, denn die realität des lebens ist nur durch alle sinne

faßbar und durch den verstand höchstens ein wenig überprüfbar, wa?

Walter Ulbricht:
„Was wollen Sie weiter machen?“

Max Walter Schulz:
„Da ist zum Beispiel folgendes. Wir haben Studenten, die aus hochqualifizierten Berufen kommen. Sie haben schon ein Hochschuldiplom in der Tasche, entdecken etwas spät ihr Talent und möchten Schriftsteller werden. Wir investieren ziemlich viel Geld, und plötzlich, am Ende des Studiums, finden sie keine Arbeit, die ihnen Zeit läßt zum Schreiben, also gehen sie zurück in ihre alten Berufe . . .“

Walter Ulbricht:
„Da sind Sie im Irrtum. Wenn so ein Absolvent als ausgebildeter Schriftsteller dorthin zurückgeht, wo er herkommt, dann kommt er mit Menschen zusammen und sieht sie unter ganz anderen Gesichtspunkten als früher. Er hat viel höhere Kenntnisse. Sie sollen mal sehen, was er in ein, zwei Jahren für ein tüchtiger Schriftsteller werden wird. Es ist gar nicht wahr, daß er verloren ist. Der andere ist verloren, der Gehalt bekommt und irgendwo hingesetzt wird. Den bedaure ich. Für den ist es schwer. Aber derjenige, der Kenntnisse hat, was meinen Sie, wie der sich entwickeln kann.“

Max Walter Schulz:
„Ein Diplomjurist geht zum Beispiel zurück an die Staatsbank, wird dort Justitiar, freut sich, daß er diese Arbeit hat, weiß aber genau: Ich habe dort acht Stunden zu arbeiten, und die Funktion ist sehr verantwortlich . . .“

Walter Ulbricht:
„Acht Stunden lang lernt er jetzt die Tätigkeit der Staats- beziehungsweise Industrie- und Handelsbank und alle Konflikte kennen, die die Menschen dort haben. Die sind so interessant, daß er darüber schreiben wird.“

Max Walter Schulz:
„Es geht doch darum, daß man ihm die Zeit – zwei oder drei Jahre – zum Schreiben nimmt, sondern daß er eine Stelle hätte, dort vier Tage arbeitet, und zwei Tage hätte er für sich ..."

Walter Ulbricht:
„Entschuldigen Sie, ich möchte auch einmal acht Stunden Arbeitszeit haben."

Max Walter Schulz:
„Wir müssen doch literarische Produktion auf den Tisch legen!"

Walter Ulbricht:
„Die legen wir auch auf den Tisch! Nur keine Beamten entwickeln, die sich Schriftsteller nennen; das ist das Schlimmste, was passieren kann. Sie müssen im Kampf wachsen, sonst kommt nichts dabei heraus. Wir arbeiten auch nachts."

Ich hatte schon immer was für lustige einlagen übrig.
„Wer mit eym dreck ringet / er gewinne oder verliere / so bekompt er doch beschissne hände."
Wir beschließen unsre kleine konzertstunde mit einem schlag auf den kopf des nagels. So, nun hab ich mich schön festgenagelt. Ich erwarte den ansturm der polizei, der dilettanten, kleinbürger, multifunktionäre und geängstigten besserwisser.
„Der Handelnde macht sich schuldig", sagt Goethe. Ich bin ein händler und rufe mit Volker Braun:
„Literaturkritiker, haut in die Nachtigallen das Messer! Wir sind Gedankengroßhändler, für uns ist der VEAB zuständig.
Generationsproblematiker: der Faust z. B. ist grau wie Methusalem und
Noch nicht geboren, wenns sein muß. Keinen Verfolgungswahn bitte.
Universitätseigne Gouvernanten! sucht die Dekadenz im Kehricht. (Wünscht da wer Büstenhalter noch im ballett africain?)
Ministerium, schließ deine Mappe: das sind parteiliche Verse."
„Mit vil zancken und disputieren / thut man die wahrheit verlieren."

Denn: „Die wahrheit ist parteilich.“

In der geschichte setzt sich eben nur so viel wahrheit durch, vor allem in bezug auf aussagen über gesellschaftliche zustände, wie die fortschrittlichsten kräfte (ich darf das wort elite nicht in den mund nehmen) durchzusetzen vermögen. Parteilich kann man aber nur sein, wenn man einen klassenstandpunkt bezieht. Zugegeben, auch meine wenigkeit ist klassifizierbar, aber das zwingt mich trotzdem nicht, etwa für meine mir zugeteilte oder mir unterstellte klassenherkunft zu stimmen, gar noch mit applaus und stimmzettel. Nein, mich bindet nichts mehr an die moral, an die wahrheiten dieser klasse, der ich endlich entronnen bin, der klasse 12 B einer erweiterten oberschule.

Nun bin ich endlich erwachsen und darf wodka und whisky trinken im ständigen wechsel, und zwar soviel, wie mir's beliebt. Na? Ist das nichts? Und nichts bringt mich ins wanken, weil ich keinen alkohol trinke, weil ich wahr bin. Wahrheit läßt sich nicht fesseln, auch nicht auf die weide der parteilichkeit pflöcken.

Ich nehme in anspruch, meine eigene welt, meine eigene partei, meine eigene wahrheit zu sein, ohne mit meiner abgeschlossenheit etwa gegen kooperation, konföderation und koexistenz auftreten zu wollen, im gegenteil, ich brauche euch, genauso wie ihr mich braucht. Aber ihr flüchtet oder unterschätzt meine kräfte.

Mein rotationsvermögen, mein rasendes sich-um-die-eigne-achse-drehn stößt euch ab, verhindert jegliche berührung, zugegeben, aber vielleicht könnte ich sogar ein motor sein?

Aha, die karre läuft ja doch, und die alten tun's auch. Ihr fürchtet euch vor dem auswechseln, vor den anfangsschwierigkeiten, ihr habt's erst hinter euch, jetzt wollt ihr ausruhn, nun, bitte sehr, aber freiwillig stillstehn kann ich nicht, also werde ich euch wie ein kreisel löcher in die basis bohren, bis ihr mich aushebt und zwischen grauen mauern und eisernen gardinen zu einer runden sache schleifen laßt, bitte sehr, dann könnt ihr mich rollen, wohin ihr mich wollt.

„Mensch, wie stolz das klingt!“ meinte Gorki.

Meinetwegen, aber KÜNSTLER, das ist die krönung. Also, ich will künstler werden, und zwar mit jeder faser meines körpers. Nein, kein maler, bildhauer, tonangeber, silbenstecher usw., nur künstler, liebes- und lebenskünstler, der unter anderem auch schreibt. Henry Miller sagte: *„Wir können alle Künstler werden oder wieder werden! Das ist die Aufopferung (des Künstlers), an die ich glaube.“*

Ich bin so unbescheiden und stimme dem bei, obwohl da wieder vom glauben die rede war, aber die ungläubigen läßt Gott nun mal das meiste glauben.

Gleichermaßen glaube ich auch an den sieg der märchen vom paradies auf erden, wo alle menschen künstler sind und jeder nach seinen bedürfnissen leben wird.

Doch zuvor muß ich mir erst ein paar pfennige zusammensuchen; mein magen meint, er hätte nichts zu tun, und langweilt sich. Nun merke ich, daß ich fast kein geld mehr im hause habe und nichts bedeutendes, das sich verkaufen ließe, als nur meine arbeitskraft.

Nach leistung werde ich heute bezahlt, wenn ich zum beispiel in der leipziger großmarkthalle arbeite, aber nach meinen fähigkeiten fragt keiner, wenn man keinen beruf hat, kein aushängeschild irgendeiner formalen prüfung, sondern sich nur mit dem habitus eines künstlers umgibt.

Was für unerfüllbare manifeste, aufrufe und forderungen wurden schon von künstlern und vereinigungen an die gesellschaft, an die staatsmächte gerichtet:

Walter Gropius:

> *„Kunst und Staat sind unvereinbare Begriffe. Sie bekämpfen sich aus ihrer Natur heraus. Der beweglich-lebendige Schöpfergeist, ungewöhnlich und unberechenbar, bäumt sich gegen die engen Grenzen des staatlichen Gesetzes, gegen das Zwangskleid des bürgerlichen Durchschnitts auf.“*

Karl Schmidt-Rottluff:

> *„Der Künstler soll auch im sozialistischen Staat frei sein, getreu seinem Ziele, das immer auf die Menschheit gerichtet ist — niemals auf einen Staat. Abweisung aller staatlichen Zumutungen, ihn in das Staatsganze einzugliedern. Leben und Arbeit des Künstlers hat frei zu sein.*

Infolgedessen ist es logische Forderung, daß der Staat sich in Kunst überhaupt nicht einmische."

Ludwig Meidner:

„Wir müssen uns zum Sozialismus entscheiden: zu einer allgemeinen und unaufhaltsamen Vergesellschaftung der Produktionsmittel, die jedem Menschen Arbeit, Muße, Brot, ein Heim und die Ahnung eines höheren Zieles gibt. Der Sozialismus soll unser neues Glaubensbekenntnis sein!"

George Grosz:

„Erst nach dem Sieg der Arbeiterklasse wird die Kunst aus dem dünnen Bett strömen, in dem sie heute blutarm durch das Leben der ‚oberen Zehntausend' fließt, und wieder als voller Strom sich der ganzen arbeitenden Menschheit mitteilen."

Aus dem manifest der dadaisten:

„Der Zentralrat tritt ein für:

a) die öffentliche tägliche Speisung aller schöpferischen und geistigen Menschen auf dem Potsdamer Platz (Berlin)

. . .

k) sofortige Regelung aller Sexualbeziehungen im international dadaistischen Sinn durch die Errichtung einer dadistischen Geschlechtszentrale."

Ich möchte ja gerne noch mehr abschreiben, aber es geht nicht, ich kann nicht mehr, vor lachen nicht . . .

Trotzdem, fast bin ich beruhigt, hier finde ich noch was für einen würdigen und ernsten abschluß:

Louis Aragon:

„Kommunist sein heißt nicht nur ein Parteibuch besitzen und sich kollektiven Beschlüssen unterwerfen (es heißt auch das, und das ist sehr viel), es bedeutet vor allem eine bestimmte Strukturiertheit der Seele, in der die Persönlichkeit nicht davon bestimmt wird, was die Person von der Klasse scheidet, sondern was sie mit der Klasse verschmilzt, worin sie sich an die Klasse stützt, um ihre eigenen Fähigkeiten zu entwickeln und sie so weit wie möglich zu entfalten und ihr ein Maximum an Wirksamkeit zu geben zum Nutzen der Klasse."

Und wie steht es mit der aktualität des KOMMUNISTISCHEN MANIFESTES?

> *„. . . Die Arbeit der Proletarier hat durch die Ausdehnung der Maschinerie und die Teilung der Arbeit allen selbständigen Charakter und damit allen Reiz für die Arbeiter verloren. Er wird ein bloßes Zubehör der Maschine, von dem nur der einfachste, eintönigste, am leichtesten erlernbare Handgriff verlangt wird . . .*
> *. . . Die Kommunisten verschmähen es, ihre Ansichten und Absichten zu verheimlichen . . . Sie haben eine Welt zu gewinnen . . .“*

Meine freunde wollen nichts gewinnen. Wir spielen nicht im lotto. Wir sind spielverderber auf allen gebieten. Wir stehen überall hintenan, uns beißen die hunde, die nonnen und nationalpreisträger meiden uns, wir arbeiten gegen die zeit, zwar arbeitet die zeit für uns, doch jeder hund läuft achtlos vorüber, die halbe welt steht kopf, vorüber ziehen gerüchte, wir können uns sonstwas nennen, aber wir wollen namenlos bleiben, wir lieben es, als scharlatane wie Johannes R. Becher *„in eines Abendwinds Herüberstreichen als namenloses Lied durchs Volk zu gehn.“*
Und verwehn, verwehn, ohne wie ein Buddha kurz nach der erleuchtung in das nirwana einzugehn.
Möglicherweise wird unkraut
möglicherweise werden blumen käfer
möglicherweise werden freunde und fremde und gleichgültige
an unsre gräber treten
und nichts besseres unter der sonne finden
als erde erde
und sie werden nichts bessres auf der erde entdecken
als sich selbst sich selbst
und sie werden nichts für liebenswerter halten unter sich
als ihre frauen frauen
und sie werden nichts wundervolleres in ihnen finden
als die möglichkeit ewigen lebens
möglicherweise wird getreide
möglicherweise werden tomaten zwiebeln zitronen
möglicherweise werden wassergläser milchkannen weinkrüge
in museen herumstehn

und dort werden unsere gitarren und einstimmigen beschlüsse
dort werden unsere farben uniformen und faustkeile
unsere drohungen klassenkämpfe und persönlichen anteile
dort werden steine bleiben
möglicherweise wird unkraut
möglicherweise werden blumen käfer
möglicherweise werden freunde und fremde und gleichgültige
an unsere gräber treten
und höflich schweigen schweigen . . .

„Nur Komödianten haben ein Recht auf Applaus. Wo käme die Welt hin, wenn jeder Künstler nur unter der Bedingung arbeiten wollte, daß man ihm seine Werke abnimmt?"

(Peter Marginter)

Wer kann uns sagen, wie spät es wirklich ist?

Verdammtnochmal! Mir scheint tatsächlich das manuskript aus den fingern zu gleiten.

Die blätter sind verstreut, bücher liegen umher, die briefe vermengen sich, handgeschriebene gedichte von freunden, herausgeschriebene zitate auf zetteln, karteikarten, zeitungsausschnitte, dokumente und schwarzes durchschlagpapier — ich kann es nicht mehr ordnen, kann dein und mein nicht mehr auseinanderhalten, bin nicht mehr fähig, das mich umgebende zu überblicken, habe keine lust, nach einem bestimmten system alles in schubfächer zu stopfen. Also laß ich alles ausgebreitet vor mir liegen . . .

Das entspricht dem natürlichen leben.

Zudem darf ich den eindruck haben, aus dem vollen zu schöpfen. Kunst ohne ordnung, ohne züchtigung, ohne form, wird das, kann das möglich sein?

Was will ich denn eigentlich mit meiner kunst, die noch gar keine kunst sein kann? Natürlich möchte ich etwas sichtbar machen, mich zum beispiel, ohne nur etwas sichtbares, etwas veräußerlichtes wiedergeben zu wollen.

Mag auch all das, was ich hier wiedergebe, chaotisch erscheinen, aber glauben Sie mir, daß auch dem, was ich hier niederschreibe oder zitiere, ein gewisses auswahlprinzip zugrunde liegt. Welches? Das ist mein geheimnis, mein rezept, meine individualität, die also mehr in dem wie und nicht in dem, was ich beschreibe, zum ausdruck kommt.

Denn daß ich als anfänger zuerst einmal mich, den ich am besten zu kennen glaube, ausdrücken möchte, ist wohl normal.

Unsere mütter haben uns in ein jämmerliches, ödes und langweiliges nachkriegsdeutschländchen hineingeboren. Wer je-

doch nicht allzuviel kraft vergeudet, um äußerliche freiheiten zu erringen, wird energie genug haben, den gewaltigen abenteuern unseres jahrhunderts und überdies denen aller jahrhunderte ein bißchen auf die spur zu kommen.
Das ist mir hier möglich geworden, ich durfte allerhand für meine bildung tun.
Ich stelle keine forderungen, verzichte nunmehr auf förderung und angenehme soziale stellung und verweigere: schwüre aller art, blankounterschriften, unerschütterliches vertrauen und unverbäuchliche treue. Ich nehme in anspruch, meine eigene welt, meine eigene partei, meine eigene wahrheit zu sein, ohne mit meiner abgeschlossenheit etwa zufrieden, gegen kooperation, konföderation und koexistenz auftreten zu wollen.
Wenn man sich auf weniges und von dem wenigen auf das durchschnittlichste beschränkt, kann man mit sich und seiner beschränkten umgebung am schnellsten in übereinstimmung kommen.
Ein kluger satz, nicht wahr? Er entstammt meinen erfahrungen. Wie Sie sicherlich längst gemerkt haben, bin ich mittendrin, mich meiner erfahrungen, ja sogar meiner sämtlichen hüllen und masken zu entledigen.
„Es wird Frühling in Alaska . . .“, tönt's aus dem radio. Ich bete nicht, aber ich glaube noch an die MENSCHHEITSDÄMMERUNG. Was geht mich Alaska an oder Saigon?
Was mache ich, wenn ich nicht denke, nicht glaube und nicht beschäftigt bin, an meinen masken herumzudrücken oder in meinen eingeweiden zu wühlen?
Dann bin ich bereit, mich überzeugen zu lassen; ich greife zum buch, möglichst zum statistischen jahrbuch; kaufe mir eine kinokarte, möglichst für einen dokumentarfilm; schalte das radio an oder setz mich vor den bildschirm und laß mich von den tausenden dingen, schicksalen, begegnungen, depeschen, ehrungen und sonstigen mitteilungen berieseln, ohne mich mit irgendeinem organ meines körpers an dem ganzen geschehen beteiligen zu können oder zu wollen. Ich bin so frivol zu behaupten: mich juckt überhaupt nichts mehr.

„In der Geschichte ist alles möglich — triumphierender, unendlicher Fortschritt, wie periodische Rückläufigkeit.

sönlich oder historisch, ist das einzige Sein in der Welt, dessen Wesen Gefahr ist.“

(José Ortega y Gasset)

„Es wird Frühling in Alaska . . .“, tönt's noch immer aus dem radio.
Woher ich gewißheit nehmen soll, woher die klugen worte stammen, die meinen erfahrungen zu entstammen scheinen, ich weiß, daß ich das nicht weiß.
Ich gehöre zu den wenigen exemplaren unseres technischen zeitalters, deren blutdruck unter dem normalen liegt, obwohl ich äußerlich einem zigeuner gleiche, deshalb bin ich vielleicht schwerer aus der ruhe zu bringen, auch wenn mich die frauen auf ihre zunge und dann in ihre zange nehmen . . .

Wenn ich mich aus dem kleinen fenster meiner dachkammer hinauslehne, kann ich an drei verschiedenen gebäuden meines derzeitigen aufenthaltsortes, meiner provinziellen heimatstadt, den sinnigen spruch auf rotem untergrund lesen: DER SOZIALISMUS SIEGT!
„Es wird Frühling in Alaska . . .“, tönt's immer noch aus dem radio.
Ich bete schon lange nicht mehr, und mit meinem glauben ist's nicht weit her, mit meinem glauben an die MENSCHHEITSDÄMMERUNG.
So lebe ich fast leblos dahin, nein, ich lebe, das ist mein einziger vorzug, daß ich mir mühe gebe, intensiv zu leben, das ist meine und eure gefahr, auch wenn ich zehnmal beteure, anständig und ehrlich zu leben.
Walt! He, Walt Whitman, mein freund, was sagst du?

„Einzig der Kern jedes Dinges nährt;
Wo ist, der die Schalen abstreift für dich und mich?
Wo ist, der Trug und Hüllen zerreißt für dich und mich?
. . . . .
Weißt du, was es heißt, im Vorbeigehn geliebt zu werden von Fremden?
Kennst du die Sprache dieser sich drehenden Augenbälle?“

Ja nein ja nein ja nein ja nein ja nein ja nein ja nein ja nein na? jein?
Meinen roten faden, meinen strick, an dem gewöhnlich marionetten baumeln, ich kann ihn nicht finden.
Ich habe auch kein verlangen danach, keine sehnsucht nach disziplin, nach konzentration, nach zentralismus; bin mehr für zerstreuung, abwechslung, liebe alles zerfließende, das explodierende, die expansion hinter die horizonte des universums . . .
Bald muß ich mich entscheiden: marxistisches oder buddhistisches rot. Rot bleibt rot, sage ich mir. Haben Sie schon mal was von der rotverschiebung der galaxienspektren gehört?
Daß rotwein mein lieblingsgetränk ist, dürfte in diesem fall auch von belang sein, denn wenn ich blau bin, werde ich immer rot, weinrot bis schamrot. Jeder künstler liebt blau, die farbe der transzendenz, das ist genauso unfaßbar wie die fluchtgeschwindigkeit der galaxien. Nun tritt die rotverschiebung nach der relativitätstheorie auch als folge starker gravitationsfelder auf, durch welche das sternenlicht hindurchzieht.
Das sind probleme, bei denen man seinen verstand verlieren könnte. Ich zum beispiel habe diesbezüglich nichts zu verlieren . . .
Aber zu gewinnen noch allerhand, deshalb sage ich mir: Laß den frieden einziehn in deine vier wände oder besser in dein haus, schließe einen friedensvertrag ab mit deiner umgebung, sag ja, denn die antwort lautet: Ja.
Verzichte auf die almosen der neinsager, pfeif auf die erfahrungen hinkender ehepaare, die sich in ihrem leben nie begegnet sind, sag trotzdem ja, auch wenn dir zum schweigen zumute ist.
Was weiß der große kopf von seinem kleineren bruder, dem kehlkopf? Ich bin der kleinere teil im vergleich zu euch, dem größeren teil, der sich menschheit nennt, aber ich stimme für euch, zwinge mir ein ja aus der kehle, obwohl ich weiß, daß ihr auf mich verzichten könnt.
Überall das große ja auf den plakaten, haltet ihr mir entgegen, hm, das mag stimmen, doch mit den 26 buchstaben des alfabets ergibt sich keine günstigere, kürzere variante dessen,

was wir eigentlich wollen und dem wir mit ganzem herzen zustimmen können.
Während ich ja sage, bin ich abwesend und wenn ich wiederkehre, bin ich vielleicht tot; dabei möchte ich zu gern mal sehen, wie es der nachwelt geschieht und ob so viele sind, wie ich sein möchte, ohne daß sie mir gleichen, aber das JA, das würde uns einigen, innerlich.

Also doch, doch, manchmal möchte ich schon ernstgenommen werden, manchmal schon. Halt, ich muß mich verzählt haben, bestimmt habe ich wieder zu dick aufgetragen, und so taugt die hülle, die maske meiner worte nur zu einer parodie, zu einer karikatur dessen, was ich meine. Der bogen ist überspannt, das merkt jeder, aber ich weiß nun, daß der bogen schon vorher überspannt war, obwohl ich das nicht wußte und nicht gesehen hatte, sonst hätte ich den bogen nicht in die hände genommen, denn das muß ich jetzt büßen, weil alle glauben, ich wär's gewesen, ich armes wesen.
Nun besitze ich auch noch den anstand oder die frechheit, den bogen nicht aus der hand zu legen, sondern so zu tun, als ob, als wäre er gar nicht überspannt, und manch einer läßt sich einschüchtern und ergibt sich, hebt die hände, jammert, fühlt sich getroffen von meinem bolzen, der harmlos über den bogen ragt, unfähig, seine lage oder die lage anderer zu ändern.

Keine uhr der welt kann uns sagen, wie spät es wirklich ist. Das große pendel über unsern köpfen schwingt ewig zwischen moll und dur. In fortwährender wiederkehr kehrt sich alles wieder fort, während nichts währt, was während der fortkehr in fortwährender wiederkehr fortwährend wiederkehrt.
Na?
Strengen Sie Ihren grips an, denn Sie haben ja zur zeit sowieso keine andre beschäftigung als eben diese, oder haben Sie etwas wichtigeres vor?
Könnten Sie mir sagen, wie spät es ist?
Sie schauen auf Ihre uhr und können mir doch nicht sagen, ob es für mich noch zu früh oder schon zu spät ist.
Es wäre alles nur relativ zu sehen, würden Sie sagen, säßen wir zusammen an einem tisch. Der kellner würde kommen,

gehen, kommen, gehen ... Es würde viertel, halb, dreiviertel, um ein uhr, meinetwegen, oder viertel, halb, dreiviertel, kurz vor zwei sein; wir würden unsre unterhaltungen unterbrechen, abbrechen; wir würden aufbrechen, herausbrechen; wir würden dabei vielleicht zerbrechen, auseinanderbrechen; wir würden gar zusammenbrechen, Gott behüte, wir würden uns erbrechen; wir würden dann etwas verbrechen wollen; wir möchten dann schätzungsweise irgendwo einbrechen , um letztlich großkotzig verkünden zu können: Wir! Wir wollen! Wir werden! Ausbrechen!
Diese zuversicht möchte ich haben, jetzt, im nüchternen zustand, jetzt, wo ich mich als empirist auf meine schüchternen sinne verlasse und verlassen werde, jetzt, wo ich beginne, in den gegenständen die widerstände zu empfinden.
Wer da nach der zeit fragt, was hat der vor?
In meiner lage, am boden liegend und in die höhe starrend (das kann man tiefblicken nennen), hätte keiner etwas für die zeit übrig, also verschont mich mit euren zeitansagen, laßt mich in ruhe spinnen, ich werde mich einspinnen in meine eignen speichelfäden, mich still und isoliert in meinem kokon von der sonne (sprich: gesellschaft) ausbrüten lassen, mich auf meinen ausbruch vorbereiten, um dann vielleicht umgestaltet und endlich beflügelt an der befruchtung toter planeten teilnehmen zu können.
Soweit bin ich noch nicht. Noch bin ich mit meiner bestandsaufnahme nicht fertig, noch bin ich wegen inventur verschlossen, unzugänglich und darüber selbst verbittert.
Noch bin ich zu sehr verwundert über all die vielen scheidewände, vorwände, rückwände, mauern, mauern und einwände, oh, wände aus stein, mauern aus stein, steine aus stein, o welche ordnung in diesen steinen, welch gefüge aus steinen und welche gebilde aus steinen: steingrüfte treibhäuser versandhäuser caféhäuser freudenhäuser raubtierhäuser elternhäuser leichenschauhäuser kulturhäuser zuchthäuser rathäuser scheißhäuser und häuser ohne namen, ohne fenster, ohne einsicht, ohne entlüftung, ohne ausgang, ohne raum, ohne grund und boden ...
Bodenloser raum zwischen den winden aus ost und west. Wind mit dem flugsand. Sand, der zu stein erstarrt, windhöhlen ins gestein geflochten. Windlieder eingesargt in stei-

nerne schluchten. Steinalte windgeschichten verlaufend im sand. Im namen steinerner gräber, im namen harmloser steine, im namen steinerner namen werden die werte der steine getaxt, in jedem stein wird ein feuerstein oder ein edelstein vermutet. Vom stein führt der lange entwicklungsweg über das holz zum fleisch. VOM STEIN STAMMT ALLES!
Leben wir noch immer in kalten, steinharten zeiten?
Ein teil vom großen wir versucht sich eine hölzerne ordnung einzurichten. Wir leben in diesem gewaltigen umbruch.
Von den zeiten des freien, liebenden fleisches träumen die dichter, aber das ist der böse traum vom ganzen menschen, deshalb stehen sie im widerspruch zu ihrer zeit und ordnung.
Treten wir für den real erreichbaren fortschritt der menschheit ein: HOLZ. Loben wir dessen vorzüge gegenüber dem stein. Preisen wir seine vielseitigkeit, seine anwendungsmöglichkeiten, seine biegsamkeit, seine standhaftigkeit (je nachdem), seinen duft, seine maserung, seine nebenprodukte, seine blüten und früchte.
HOLZ: rohstoff für papier: hüll-, pack- und saugpapier. Und als wichtigstes: papier als schrift-, bild- und druckträger. Damit beherrscht man die menschen, kann sie konformieren, formen, erziehen und verführen.

Wenn ich gar in die zukunft greifen würde, in die große illusionskiste, um die idealformel FLEISCH in unsere gegenwart zu stellen, an was würden Sie dabei denken?
Fleisch? Also . . . naja . . . äh . . . ich meine, da liegt dreierlei dicht beieinander, also fleisch- und wurstwaren . . . äh . . . ja wissen Sie, fleisch sage ich auch, wenn ich ein aktfoto sehe oder einen drallen popo oder eine brust . . . ja, und drittens . . . äh . . . katastrofen . . . krieg . . . weggefetzte gliedmaßen . . . heraushängende gedärme . . . lampen, mit menschenhaut bezogen . . .

Sie merken selbst, daß unsre zeit noch nicht reif ist für das fleisch. Loben wir also das holz. Es ist unser gemeinsamer gegenstand. Es soll auch mein gegenstand sein, schließlich benutze ich einen hölzernen tisch als schreibunterlage. Und all das, was mich umgibt: möbel, tapeten, bücher und bilder . . .

Die hölzerne ära mag auch mich formen, mögen mir also meine enkel meine hölzernen ansichten verzeihen, denn die umwelt formt auch solche menschen, die die umwelt formen. Falls wir nicht mit unseren holzköpfen in einem inferno verglühn, werden die poeten weiterhin heimlich ihre gedanken und fleischlichen begierden auf hölzernem papier verschwenden.

Versuchungen

Es ist nicht meine art zu verschlüsseln; ich liebe die offenen türen, die gebräuchlichen ausdrücke und die natürlichsten gefühle. Natürlich sage ich zu meinem penis nicht penis, sondern verwende kosenamen. Und wenn ich eine schöne frau sehe, eine in meiner bettgröße, suche ich nicht nach vergleichen, die aus der biblischen geschichte stammen könnten, sondern denke mir ganz einfach: mann o mann!
Nicht, daß man sie benutzen möchte, nein, ganz im gegenteil, etwa so: mensch, von der möchtste mal benutzt werden.

„Café Boccaccio" stand über der schmalen tür.
Als ich eintrat, war ich überrascht von der antiquiert-eleganten atmosfäre, die mich umgab. In verwinkelten, unübersehbaren nischen standen kleine runde tische mit marmorplatten. Ungefähr die hälfte der plätze war unbesetzt. Ich konnte mich nicht sogleich entscheiden, wohin ich mich setzen sollte. Junge pärchen saßen an den tischen. Ich entschied mich für einen leeren tisch gegenüber von zwei jungen mädchen, die mich magisch anzogen. Unsicher zündete ich mir eine pfeife an und betrachtete durch die rauchwolken die zwei schönheiten, die mich recht keck und herausfordernd anschauten. Ich bestellte einen eiskaffee, weil mir im moment nichts besseres einfiel. Dann winkten die beiden den ober ebenfalls heran. Er beugte sich lange über ihren tisch und ihre dekolletés.
Ich konnte es ihm nicht verdenken. Ich sog nervös an meiner pfeife und wollte mich in rauch einhüllen. Sie rauchten übrigens lange zigaretten. Das war das erste, was ich sachlich feststellen konnte. Ansonsten, ja ansonsten achtet man auf die haarfarbe, auf die brüste, die beine, wagt einen blick in die augen, so rein zufällig natürlich, und dann versucht man das alter zu schätzen. Soweit war ich, als der ober das bestellte brachte. Endlich konnte ich mich mit meinem eiskaffee ablenken. Ich löffelte in der tasse herum, und meine blicke

heftete ich auf das parkett. Aber bald waren sie winselnd an die schuhspitzen der damen gekrochen, ja sogar bis ans knie hoch. Ich befahl den rückzug. Die mädchen kicherten. Ich sah erschrocken auf. Tatsächlich: sie lachten mich an. Oder aus.

Für welche würde ich mich entscheiden? Ich meine nur so ... In der fantasie ist alles erlaubt. Beide sahen gleichermaßen hübsch aus, vor allem, wenn sie lachten. Das hat man selten: zwei gleichgut aussehende freundinnen. Und sie nickten mir zu? Tatsächlich! Ich lächelte zurück. Kurz natürlich und bescheiden. Sie kicherten wieder, nein, sie sprachen laut miteinander. Verflucht! Ich konnte kein Wort verstehen. Aha! Mir ging ein licht auf. Hab' ich mir's doch gleich gedacht: deutsche mädels sind viel zu eingebildet und prüde, um sich so ... na, wie soll ich sagen ... so reizvoll benehmen zu können.

Die beiden beugten sich über fotos. Endlich konnte ich sie von oben bis unten mustern.

Lange haare, hübsche gesichter, prall ausgebuchtete pullover und unterm tisch schöne lange beine. Und die kurzen röckchen! Die blonde, die im profil zu mir saß, schlug die beine übereinander. Ich vermeinte, ihr gesäß von der seite zu sehn. Jetzt kicherten sie wieder zu mir herüber, ich nickte zurück, freundlich, gewissermaßen freundlich, aber auch etwas gleichgültig, wie ich mir wünschte, während ich aber merkte, daß mir die ohren glühten. Sie hielten ein foto hoch, und zwar so, daß ich es sehen sollte. Ich lächelte, und wagte das gezeigte nur mit einem Blick zu streifen. Ich lächelte. Sie lachten ungezwungen.

Plötzlich wurde mir bewußt, was ich so flüchtig von den fotos mitbekommen hatte. Mir stockte der atem: nackte leiber, jawohl, nackte männchen oder weibchen oder beides, jedenfalls was menschlich nacktes.

Ich steckte mir zum wiederholten mal die pfeife in brand und schielte mit zusammengekniffenen augen der schwarzen zwischen die immer im gemächlichen rhythmus sich öffnenden und wieder schließenden knie. Da konnte man sonstwohin sehen. Ich sah schwarz. Jetzt muß sie meinen blick ertappt haben.

Ich drehte mich schnell herum, etwa so, als wollte ich den ober rufen, der auch prompt kam. „Einen kognak", sagte ich. „Nein", widerrief ich. Er wippte zurück. „Bitte drei, drei."
Ich wagte sie wieder anzusehn. Sie lachten mich unternehmungslustig an. Während ich den blick der schwarzen standhielt, sah ich im unscharfen bereich meines blickfeldes, wie sie langsam und betont ihre oberschenkel immer weiter spreizte. Ich schloß die augen, mir pulsten die schläfen. Ich fuhr mir mit der hand übers gesicht, verdeckte die augen und schlinzte mal blitzschnell durch die finger . . . und: tatsächlich, das war die höhe! Nein, die hölle!
Der ober ging an mir vorbei, stellte zuerst den zwei damen die kognakschalen hin, dann mir. Sie prosteten mir liebenswürdig zu, und dann steckte die schwarze dem ober einen geldschein zu, mit einer bewegung, die soviel sagte wie: hier, für die zeche der beiden tische. Dann standen beide auf, nahmen ihre handtaschen, stellten ihre stühle ordentlich hin und verließen, ja, tatsächlich, verließen ihren tisch, passierten den meinen, die blonde streifte mich, und die schwarze fuhr mir mit der hand übers haar. Mir wurde heiß. Sie gingen, und alle, wie ich gerade überblicken konnte, schauten den tänzelnden schönheiten nach. Dann pendelte die tür noch zwei-, dreimal, und mir war, als ob der graue alltag mich wieder überfiel.
Durchs fenster konnte ich sie noch mal sehn: Sie bestiegen einen eleganten wagen und fuhren ab. Ich stürzte ans fenster und konnte gerade noch das fremde kennzeichen erkennen: natürlich ein französisches.
Ich war student in einer fremden stadt, in Klein-Paris, schüchtern und unverdorben. Zu hause saß meine frau mit unseren drei söhnen und wartete auf mich oder auf meine briefe. Wir waren fünf jahre verheiratet, und keiner von uns beiden hatte jemals ein anderes verhältnis. Wir wollten uns treu bleiben.
Aber dieses kleine caféhauserlebnis bewies mir mit aller deutlichkeit, daß ich andere frauen begehrte. War ich deshalb so empfänglich, weil mein rausschmiß aus dem literaturinstitut bevorstand?

Überall in den nachbarländern brodelte es. Studentenunruhen. Man fragte sich: Na, welches süppchen wird denn da gekocht? Welche werte sind es wert, sich lebenslänglich an sie zu binden? Etwa die moralischen werte?

DAS SECHSTE GEBOT.

Du sollst nicht ehebrechen.

Was ist das?

DAS ZEHNTE GEBOT.

Du sollst nicht begehren deines Nächsten Weib . . .

Was ist das?

Der liebe Gott sandte mir über's radio ein chanson von Karl Mickel:

Die Versuchung des hl. Antonius

Als der Heilige in seinem Alter
Sich zurückzog in die Wüsteneien,
Um zu beten und um Gott zu bitten,
Seine schweren Sünden zu verzeihen,
Sandte Satan, jenen zu versuchen,
Als der Abend kühl sich niederneigte,
Seine schärfste Kleine zu dem Alten,
Die ihm ihre weißen Schenkel zeigte.
Doch der Alte sah den Höllenrachen
Und beschwor ihn lange im Gebete,
Bis die Schöne zornig sich verhüllte
Und dem Heiligen den Rücken drehte.
So bewies der Alte seine Keuschheit,
Doch Barmherzigkeit bewies er nicht:
Der einen Tugend ihren Lauf zu lassen
Zwang die andre Tugend leider zum Verzicht.
In der Wüste ist das Wasser rar.
In der Hitze braucht sie einen Mann.
Ob der Alte ihr das Wasser reichen,
Ob er ihre Dürste löschen kann?

Mir stand kein Gott bei. Mein rausschmiß kam gewiß. Ich glaubte nicht mehr an die verkettung unglücklicher umstände oder an eigene verfehlungen, im gegenteil: ich fühlte mich denen, die mich wieder zur bewährung in die produktion schicken wollten, moralisch und politisch überlegen, obwohl meine hoffnung, meine gläubigkeit und mein vertrauen verloren gingen. Was blieb?
Verwirrung, zugegeben, gepaart mit selbstmitleid, aber überwiegend: REVOLTE, anfänge der erkenntnis des absurden in der welt.

Jedenfalls hieß sie Betty. Sie war es, die es schaffte, mich zum erstenmal nach fünfjähriger treuer ehezeit zu verführen. Das ist schon wieder zwei jahre her. Wir schliefen innerhalb von vierzehn tagen vielleicht siebenmal miteinander, dann trennten wir uns, weil sie meinte, wir würden uns zu sehr aneinander gewöhnen. Ich hätte ja immerhin drei kinder und eine hübsche frau, die ich ja lieben würde.
Tatsächlich wurde nach meiner ersten großen beichte das verhältnis zu meiner frau nur noch inniger und zärtlicher, auch wenn es tränen gab.
„Du sollst nicht ehebrechen."
Ich fühlte mich sündig und unschuldig zugleich. Ich suchte erklärungen, rechtfertigungen, vergleiche. Also setzte ich mich in die Deutsche Bücherei und wälzte sittengeschichten und andere „unzüchtige" schriften, auch Engels' „Ursprung der Familie, des Privateigentums und des Staats". Schließlich las ich auch künstlerbiografien.
Ergebnis: Betty, Elke, Christiane, Hannelore, Martina . . .

Unsere kinder wachsen prächtig auf, trotz aller schwierigkeiten, die man bei drei fast gleichaltrigen burschen so hat. Wir möchten sie urwüchsig, gesund und ungezügelt aufwachsen lassen, doch gibt es den gesellschaftlichen raum mit seinen verbotszeichen, anstandsregeln und gesetzen samt seiner tücken und lebensgefahren.
Es bleibt für jeden nur ein schmaler pfad. Keiner sollte ein leben lang dem vordermann in der fußspur folgen. Das wäre ein unwürdiges, selbstloses vorankommen, oder vielmehr nur ein nachkommen.

Meine kinder sollen und werden ihre eigenen wege gehn. Auch ehepaare sollen nicht hintereinandertraben. Im nebeneinander sehe ich noch chancen: vor allem in der politik.
Alles würde sich nur ums vögeln drehn, sagte mir kürzlich ein reizendes fräulein, bevor ich mit ihr schlief. „Liebe hält die welt zusammen", sagen die gebildeten und meinen das gleiche.

„Du fragst mich, Kind, was Liebe ist? Ein Stern in einem Haufen Mist", weiß darauf Heinrich Heine zu antworten.

Liebe — „ein Jahr Feuer und Flamme und dreißig Jahre Asche."

Liebe — „das Aneinanderreiben zweier Schleimhäute."

Liebe — „Triebe, nichts als Triebe."

etc. etc.

„Menschen, seid wachsam! Ich hatte euch lieb."

Es lebe die sexuelle revolution!

Es lebe der kampf der geschlechter! Es lebe die stoßkraft der männlichen glieder! Nieder mit dem hymen und sonstigen scheidewänden! Unser beitrag gegen den hunger: wir füllen unseren frauen die bäuche!

Es lebe die revolution von unten!

Eigentlich ist mir nicht zum lachen zumute. Ich bin verwirrt, fühle mich betroffen, denn ich bin vater von drei söhnen und weiß noch immer nicht zu unterscheiden zwischen zeugung und vernichtung. Soll ich den söhnen kleine spielzeugpanzer und -raketen kaufen, damit sie lernen, gegen den imperialismus zu kämpfen? Wie sieht er aus, der hauptfeind? Rot, braun, grün, gelb, schwarz, blau?
Soll ich meinen Söhnen raten, für die freie liebe einzutreten? Soll ich meine kinder in ehrfurcht zu Albert Schweitzer erziehen oder zu einem soldaten, der an der berliner mauer die grenzverletzer aus dem hinterland abknallt?

Ich bin kein globetrotter zwischen den politischen systemen, aber für mich besteht die welt nicht nur in der gegenwart, sondern ich sehe die fülle von räumen, zeiten, kräften, bewegungen, blockaden, widerständen, möglichkeiten und details – details, in denen der teufel steckt.

Alles ist subjektiv gesehen. (Wie sonst?)
Ich brauche mich nur im spiegel anzusehn: mein gesicht.
Ich will der fysiognomie nicht allzuviel bedeutung beimessen, aber meine mundwinkel beweisen keine optimistische grundhaltung.
Wer gab mir solch ein gesicht?
„Jeder hat sein kreuz zu tragen."
Ich trage mein gesicht, ich will es wahren, trotz der pessimistischen mundwinkel, trotzdem die optimistischen lachmünder die machthebel bedienen und ihre auswahl für das künftige menschenbild treffen, trotz . . . wohin mit meinem trotz?
Mit ist's gleich, wer oder was mir mein gesicht gab: ich will es tragen und wahren. Nur aus egoistischen gründen, weil ich so bin, weil es das bequemste ist, so zu bleiben, wie man ist. Ich bin für das gesunde, einfache und polemisiere gegen kosmetik, maske, tünchtopf und lachkrampf. Nichts habe ich, und das möchte ich ausdrücklich betonen, gegen lachmünder, die mit dem natürlichen optimistischen mundwinkelzug, im gegenteil, ich mag sie sehr, meine gegenwärtige freundin wäre ein beweis dafür.
Achja, Hanna-Betty-Martina, wie gut hatten wir uns alles gedacht . . . Erinnerst du dich an den ersten lassowurf meiner augen? Und dann?
Natürlich trage ich es noch in mir, dein erstes, aufregendes geschenk: das kleine foto einer frühreifen . . . (tomate).
Weißt du noch: die schlagadern trommelten zum gefecht der zungen, und der herzdamm hielt die stellung, bis freudenschmerz die angst besiegte. Wir feierten die feste wie sie fielen, wie wir uns fallen ließen.
So bügelten wir zerknitterte alltage zu festtagen auf und probierten alles aus zwischen aufzucht und unzucht. Wie gut hatten wir uns alles gedacht, aber meistens stellte sich alles gegen uns:

die träume blieben aus,
dein lachen blieb aus,
deine tage blieben aus . . . und
gottlob! stellten sich verspätet wieder ein.

Achja, Hanna, die alltage wollten uns die windeln grau kochen, die nachbarn, das wohnungsamt, die letzten tage vorm stipendium, der gasmann, der versicherungsonkel, die ratenabzahlung, das fahrgeld, die schwiegereltern, die gerüche und gerüchte, die dünnen hauswände und die dicken einwände, die ersten zähnchen, formulare, formulare . . .
Zwischen thema I und thema liebe fallen noch tausend andere themen an. Zwischen rippe und kreuz . . . halt! nimm dir zeit und dann das leben! zeit ist geld! „Verkaufe zeit; suche geld!" Ohne preis kein fleiß!
Schwerer beutel, leichter sinn; wo soll ich mit meinen hormonen hin? Ach Hanna-Betty-Elke-Christiane-Hannelore-Martina, in welcher würze liegt die kürze?
Ihr wußtet bei mir nicht, woran ihr wart? Warum seid ihr auch so harthirnig und weichleibig!
Es ist hin wie her: wer wissen will, was er weiß, weiß nicht, was er will. Ich will immer. Ihr glaubt, ich hätte kein gewissen. Ich weiß es. Auf eurem sanften ruhekissen schlief sehr oft mein gutes gewissen und wurde schlecht. Seitdem . . .
„Kalkutta liegt am Ganges, Paris liegt an der Seine . . ."
Nein, ich will keinen neuen mythos schaffen, ich will keiner neuen religion, keinem neuen ismus bahn brechen, nein, weder ein neues leben will ich preisen, noch preisgünstige lebensgebote kreiern, nein, mir geht's nur um mich. Ich will mich suchen und finden. Ich will sehn, was in mir steckt und was ich aus mir machen kann, was sich aus mir herausquetschen läßt und was von mir übrig bleibt, wenn ich mich ohne rück- und vorsicht auf mich selbst stürze, denn du bist ich und ich bin du . . .

„Und mit keinem verbünden wir uns, der nicht er selber ist,
Unverwechselbar er im Haß, im Lieben, im Kampf."

(Volker Braun)

„Kein Mensch kann sagen, was er ist. Doch vermag er manchmal zu sagen, was er nicht ist."

(Albert Camus)

Ich habe nicht die bügelfalten erfunden, habe nicht die bartlose mode eingeführt, habe nicht den schlipsknoten erknobelt und habe auch nicht den stein der weisen gefunden.

Ich hab dich lieb: Hanna-Betty-Elke-Christiane-Hannelore-Martina-Weib-Menschheit-Kosmos.
Tausend stimmen aus dem hinterhalt verkünden mir schon, was ich gefunden habe, was ich zu lieben hätte, und doch weiß ich genau, daß das nicht das endlich-endgültige sein kann.
Zugegeben: ich habe euch lieb, aber seid wachsam, ich bin das ungeheuer MENSCH.

Mein einziges Vorbild ist Gott —
das Abbild des menschlichsten Menschen

> *„Jesus nimmt die Sünder an!*
> *Saget doch dies Trostwort*
> *allen, welche von der rechten*
> *Bahn auf verkehrten Weg ver-*
> *fallen. Hier ist, was sie ret-*
> *ten kann: Jesus nimmt die*
> *Sünder an.“*

(Erdmann Neumeister)

Bin ich ein sünder? Ja: Ich leide an meiner unschuld. Ich leide an meinem glück, an meiner harmonischen übereinkunft von gedanke und tat, von äußerem und innerem. Ich leide an meiner fähigkeit, fantasievoll zu sein und andere beeinflussen zu können. Ich leide an meiner eigenschaft, lebens- und anpassungsfähig zu sein. Ich leide an meiner kraft, sexuellen potenz und makellosen gesundheit.
„Was ist das Leiden?“ Die alten buddhisten antworteten folgendes: *„— Geburt, Krankheit, Tod, Getrenntsein von Lieben und Zusammensein mit Unlieben sind Leiden; und auch, daß man nicht erlangt, was man wünscht, ist Leiden; kurz, die fünf Gruppen, die das Ergreifen (der Persönlichkeit) bewirken, sind Leiden.*
Was ist die Entstehung des Leidens?
— Es ist der Durst, der zu Wiedergeburt führt, und den Wohlgefallen und Begierde begleitet da und dort Gefallen findet.
Was ist die Aufhebung des Leidens?
— Es ist hinsichtlich dieses Durstes restlose Entleidenschaftlichung, Aufhebung, Aufgabe und Befreiung.
Was ist der zur Aufhebung des Leidens führende Weg?

— Es ist der edle achtgliedrige Weg, nämlich rechte Ansicht, rechtes Entschließen, rechtes Reden, rechtes Handeln, rechtes Leben, rechtes Streben, rechte Achtsamkeit und rechte Sammlung.“
Leide ich, weil ich auf dem rechten wege bin?
Schafft leiden leidenschaft oder schafft leidenschaft leiden?
Menschen, die sich von der leidenschaft fortreißen lassen und einer großen allumfassenden liebe nicht fähig sind, stehen eines tages leer und ausgebrannt da.
„Welches ist nun die Bestimmung des Menschen? Fahrten wie Odysseus, sieben Jahre Kalypso, mit Circe in der Hängematte, Nausikaa ins Auge geblickt — oder das Polareis beklopft wie Nansen, oder 50 Jahre Büro mit den Grundsätzen der alten Schule: strikte Innehaltung des Urlaubs und pünktliche Abholung des Gehalts?“
Das fragt sich jeder mal, werter Gottfried Benn, aber wer hat mehr zu bieten?
Möglichkeiten anbieten, gegen-satz-paare hinstellen und lächerlich machen, das kann auch ich:
bar oder paar? ton oder beton? rauch oder rausch? daten oder taten? engel oder enkel? boß oder amboß? texte oder textilien? stammbäume oder baumstämme? versprecher oder verbrecher? He, was gibts'n da zu lachen?
Natürlich, Sie haben ein recht zu lachen, also lachen Sie, dann bestürmen Sie mich ja doch mit der frage: „Na, was ist denn nun die bestimmung des menschen?“
Innerlich denken Sie: So ein klugscheißer, wo er nur so viel anmaßung hernimmt . . . hält sich wohl für genial, was?
Das beste wäre, sich an Fontane zu halten:

> *„O lerne denken mit dem Herzen*
> *und lerne fühlen mit dem Geist . . .“*

Aber wie sich äußern?
Eine neue mitteilungsmöglichkeit erfinden?
Vielleicht: laß blumen sprechen!
Aber nichts für ungut, ein bißchen spinnen muß jeder mal.
Jetzt lachen Sie wieder, und ich errate dabei durchaus Ihre hintergedanken: ein bißchen, das wäre ja noch auszuhalten.
Hören wir uns zum ausgleich berufenere leute an, Albert Camus:

„Wenn die Welt klar wäre, gäbe es keine Kunst . . . Jedes Denken, das auf die Einheit verzichtet, erhöht die Mannigfaltigkeit. Und die Mannigfaltigkeit ist das Gebiet der Kunst. Das einzige Denken, das den Geist befreit, ist jenes, das ihn allein läßt, in der Gewißheit seiner Grenzen und seines bevorstehenden Endes. Ihn reizt keine Doktrin. Er wartet auf das Reifen des Werkes und des Lebens. Losgelöst von ihm wird das Werk noch einmal die kaum gedämpfte Stimme seiner Seele vernehmen lassen, die für immer von der Hoffnung befreit ist. Oder es wird nichts hören lassen, wenn der Künstler, müde seines Spiels, es abbrechen will. Das bleibt sich gleich."

Bin ich ein künstler?

Ich bin müde, müde meines spiels, das gebe ich jetzt zu. Können Sie mich noch verstehn? Für mich rücken alle geräusche und stimmen weit in die ferne. Ich bin furchtbar müde, müde. Meine augen verbohren sich jetzt in irgendein sinnloses detail. Meine hände werden schwer, feucht wie ein schwamm, und wollen hängen und austropfen . . .

Lassen Sie mich nicht in ruhe!

Sprechen Sie mich an, packen Sie mich an der schulter, werfen Sie mir etwas vor: mein jugendliches alter zum beispiel. Sagen Sie mir, welch fröhliches leben meine altersgefährten führen:

tanzen, fußballspielen, jugendtouristik, bergsteigen, campieren, motorradfahren, wasserski, skatspielen, flirten, studieren, wehrdienst ableisten, auf einem jugendobjekt arbeiten, qualifizieren, tanzen, fallschirmspringen und wieder tanzen.

Bitte, lassen Sie mich in ruhe!

Ich bin hundemüde. Lesen Sie Pablo Nerudas gedicht WALKING AROUND. Und wenn Sie mir dann gegenüber noch keine nachsicht zeigen, lesen Sie bitte die berichte von den staatsratstagungen oder die festreden anläßlich . . . egal, lesen Sie! Schlafen Sie schön! Danke, ich auch.

Plötzlich kracht es irgendwo in der nähe, ein bombeneinschlag oder ein gewitter oder ein wecker rasselt oder irgend etwas ist zu boden gefallen oder ein sirenenton schwillt an oder was war?

„Da steh' ich nun, ich armer Tor . . ."

Oh, dieser vielzitierte satz, dieser armselige ausruf eines armseligen ichs, eines verzweifelten, überaus bescheidenen, verschüchterten teils meines ichs. Da steh ich nun: augenreibend, gähnend, mich streckend, nackt, mein nacktes hilfloses fragendes ich: was war denn los?
Mein geist kehrt wieder in den kopf, herz und seele in den brustkorb zurück. Ich hole tief luft und sauge mich voll mit meinen tausend ichs. Was soll losgewesen sein?
Hab ich nicht schon genügend gewitter, erdbeben und krankheiten, natürlicher und gesellschaftlicher art, überstanden?

> *„. . . bin tausendmal nahe daran gewesen zu verbrennen, ins Nichts zu versinken, am Unglück zu zerbrechen, mich mit eigenen Händen zu zerreißen, es hat Krieg und Hunger, die Verleumdung und das Messer gegeben, man hat mir tausendmal die Finger zerquetscht, die Zähne herausgebrochen, ins Gesicht gespuckt, all das, all das, und all das, was mit den ungenauen Worten zu schlecht erzählt werden kann —"*
>
> (Aragon)

Und nun?
Da schlägt sie schon wieder die augen auf.
„Was war denn los?"
„Na . . . das wollte . . . könnte ich dich auch fragen . . . ich war wohl tot? . . . nein, mir war schlecht, ich wollte dich . . . ich wollte zu dir . . . ach, mir ist noch ganz komisch . . ."
„Ach, Martina!"
Nach einer Weile fragte ich schüchtern, nein, ich deutete es nur an . . .
Sie strahlt, sie blüht auf, bekommt sich in die gewalt und sagt: „Wenn wirklich was passiert ist, mir ist's egal, aber Hanna . . . Und du hast auch nichts zu lachen, Hanna geht nicht für deine fremden kinder geld verdienen, damit du zu hause deinen roman fertigschreiben kannst . . ."

„Tja, das fremde und das eigne . . ."
„Komm, höre mir mit deinen spinnereien auf", unterbricht sie mich, „du mußt realistisch denken. Siehste, das haste davon, warum paßt du nie auf!"
„Gewöhnlicherweise geht das beide an, aber du . . ."

„Mir ist's egal, das hab ich dir immer gesagt. Ich möchte gerne ein kind, obwohl ich nicht wüßte, wie's weitergehen sollte . . ."
Und die menschheit in uns schwieg, sagte der junge Gott zu sich selbst.

„. . . nicht wüßte, wie's weitergehen sollte . . ."
Könnte mir das passieren?
Mein blick ist immer vorwärtsgerichtet, und mißerfolg oder untergang stehen nicht in meinem programm.
Ja, Sie haben es erraten, ich bin unterm sternbild des schützen geboren.
„In ihren Liebesneigungen sind diese Menschen wild und leidenschaftlich. Sie begeben sich fortwährend in Abenteuer und sind imstande, dieselben bis zur körperlichen Störung auszukosten. Sie sind dafür bekannt, das, was sie ausgekostet haben, wegzuwerfen, ohne sich ein Gewissen daraus zu machen. Einen Partner fürs Leben finden diese Menschen nur schwer. Sie dulden nichts neben sich, sind von einem riesigen Drang zur Eroberung erfüllt und neigen fast immer dazu, ihre Leidenschaft soweit ausschweifen zu lassen, daß es vielfach abstoßend auf den Partner wirken muß. Haben sie jedoch den richtigen Partner gefunden, können sie vollkommen uneigennützig und aufopfernd sein. Sie hassen es, mit Eifersucht verfolgt zu werden, oder wenn man ihnen mißtraut . . ."

Arme Hanna!
Arme Betty-Elke-Hannelore-Christiane!
Arme Martina!
Es tut mir leid, daß ich ein schütze bin. Soll ich das viertemal ins schwarze getroffen haben?
Den vierten erdenbürger also, den ich fast aus dem nichts in die übervolle welt gesendet haben soll?
Warum sich ärgern? Warum nicht wissen, wie's weitergeht?
Das sind doch keine probleme für mich!
„Freude, schöner Götterfunken . . ."
„Alles singet, tanzet, jubelt . . ."
Ich gebe ein fest, ein schützenfest; ich lade ein: die sonne, den mond und die sterne.

Ach, Martina, du mit deinem realitätssinn, laß doch das rechnen mit geburtenzuschuß, stillgeld, kindergeld, alimenten und all den vulgären dingen. Hab vertrauen zu mir, ich bitte darum, und glaube mir, ich laß dich nicht fallen, ich werf dich nicht weg. Mein horoskop lügt, es stimmt nicht, denn es ist ja nur von menschen verfaßt, und der mensch lügt, das ist seine beständigste eigenschaft.
Bin ich ein mensch?
In allererster linie wohl schütze, dann künstler, dann familienvater, dann staatsbürger, dann . . . ja, was dann?

Nichts als fakten

Im überdruß meiner fähigkeiten, das heißt vor allem der fähigkeit, möglichkeiten zu sehn, das heißt die möglichkeit zu sehn, ich du er sie es zu sein, suche ich mir nun eine anrede, eine ausrede für alles aus, was auch uns und mich betreffen könnte, wobei ich bescheidenerweise hinzufügen muß, daß eigentlich alles, was mich betrifft, mich überhaupt nicht trifft, denn ich bin schütze und habe zu treffen. Welcher schütze soll auf mich zielen? Wir sind doch kollegen, jetzt gilt das DU. Du hast das wort, lieber leser. Ich erteile dir mich. Ich bin dein . . . (hammer). Du bist mein . . . (amboß).
Nun folgt die auseinandersetzung, jetzt wird es ernst: es geht um Fakten & Fakten.

1. Auf das territorium der DDR rieseln jährlich viele millionen tonnen flugasche herab.
Der sauerstoff, den die industrie verbraucht, würde für 48 milliarden menschen ausreichen.
Über 3 000 000 ha waldfläche sind rauchgeschädigt, davon 45 000 ha so stark, daß dort kein nadelholzanbau mehr möglich ist.
600 wirbeltierarten stehen gegenwärtig vor dem aussterben.

2. ich fühle mich verdammt
und wie liegengelassen als letzter gast
in einer netten kleinen besaufanstalt:
umringt von trüben tassen und inhaltslosen flaschen
natürlich vollkommen nüchtern natürlich
ich hab ganz einfach vergessen den ober zu rufen
nun hat er feierabend
die polizeistunden sind da
aber ich bin leider auch noch da
herr ober — bitte ein bier — herr oberst
dienstschlußendeausfeierabendpolizeistunde
da hat er ein großes dickes fettes argument

ich hab nur eine kleine sahara auf der zunge
herr ober — sage ich — ich bin doch kein wolf
da ist er beruhigt und bringt mir noch ein bier
. . . also ein blondes bier und ein schwarzer mann
na sage ich endlich verzweifelt zum bier:
    du schmeckst mir zwar nicht
    doch sauf ich dich auf
    und halte zu dir . . .
nach diesem schwur
sperrte mich der gaststättenleiter in den keller ein
dort machte ich ein faß auf
und wissensdurstig sprang ich
                                        sprang ich nicht hinein
denn in meinem nachruf würde stehn:
er wollte auch ein Biermann sein . . .

3. „Setze den Menschen als Menschen und sein Verhältnis als ein menschliches voraus, so kannst du Liebe nur gegen Liebe austauschen, Vertrauen nur gegen Vertrauen etc. Wenn du die Kunst genießen willst, mußt du ein künstlerisch gebildeter Mensch sein; wenn du Einfluß auf andere Menschen ausüben willst, mußt du ein wirklich anregend und fördernd auf andere Menschen wirkender Mensch sein. Jedes deiner Verhältnisse zum Menschen — und zu der Natur — muß eine bestimmte, dem Gegenstand deines Willens entsprechende Äußerung deines wirklichen individuellen Lebens sein. Wenn du liebst, ohne Gegenliebe hervorzurufen, d. h., wenn dein Lieben als Lieben nicht die Gegenliebe produziert, wenn du durch deine Lebensäußerung als liebender Mensch dich nicht zum geliebten Menschen machst, so ist deine Liebe ohnmächtig, ein Unglück.“

(Karl Marx)

4. Ich habe nichts. Ich bin ein habenichts.
Candide flieht aus dem land der bürokraten und setzt sich jenseits der welt fest, ohne gebäck im gepäck zu haben. Nein, so etwas dunkles da draußen im sinnleeren raum der unvernunft. Verschlüsselt euch samt eurer beschlossenen beschlüsse; selbst ein verschlossener schlüssel beschließt eines tages, sein leben im schloß zu beschließen. Na, denn prost, mein lieber Paul van Ostaijen, du warst mir der lustigste von all

meinen versiegelten toren. Hingegen mein pfarrer sagte, der glaube höre aufs wort, wenn auch die vernunft zehnmal dagegen sein würde. Ich sage: heute noch glaubt euer glauben mehr als ihr glaubt, aber wißt schon von folgenden folgen: was hier vorgeht, geht anderswo zurück.
Womit nichts gegenteiliges bewiesen wäre . . .

5. „Poesie ist ein Spurenelement. Ihr bloßes Vorhandensein stellt das Vorhandene in Frage. Deshalb kann die Gewalt sich mit ihr nicht abfinden . . .
Folgende Dichter sind in die Verbannung gegangen:
Rafael Alberti, Bertolt Brecht, Luis Cernuda, Jorge Guillén, Juan Ramon Jiménez, Else Lasker-Schüler, Antonio Machado, Saint-John Perse, Nelly Sachs, Pedro Salinas und Kurt Schwitters.
Sergej Jessenin, Attila József, Wladimir Majakowski, Cesare Pavese und Georg Trakl endeten durch Selbstmord.
Robert Desnos wurde von den Deutschen nach Auschwitz und Buchenwald verschleppt; er ist 1945 an den Folgen der KZ-Haft gestorben.
Miguél Hernández starb an den Folgen der Tortur in einem spanischen Zuchthaus.
Nazim Hikmet brachte fünfzehn Jahre als politischer Häftling in türkischen Gefängnissen zu.
Jakob van Hoddis wurde im Zweiten Weltkrieg von deutschen Ärzten ermordet, ein Opfer des sogenannten Euthanasie-Programmes.
Max Jacob starb im Jahre 1944 in einem deutschen Konzentrationslager.
Federico Garcia Lorca wurde 1936 von Falangisten erschossen.
Ossip Mandelstam wurde ein Opfer der stalinistischen Verfolgungen; er soll in einem russischen Straflager zugrunde gegangen sein.“

(nach H. M. Enzensberger)

6. An meinen texten ist kein wort überflüssig, niemals. Bei mir ist alles genau berechnet und vermathematisiert. Da gibt's kein wort, das ich gar verschenken könnte an epigonen, nachbeter und silbensammler. Ich wüßte nicht, welches wörtchen ich je aus meinem sprachschatz entbehren könnte. Nicht

die kleinste vorsilbe würde ich jemandem freiwillig überlassen. Nur manchmal, nur ein paar schwache sekunden lang, verwünsche ich die ganze wortbrut und pfeife am liebsten auf jeden laut. Aber nein, will ich mir lieber den mund verbrennen, als eine gelegenheit zu verpassen, einen anerkannten spruch unwidersprochen hinzunehmen. Es gibt für mich nichts köstlicheres, als zu widersprechen, als abzusagen, zu widerrufen, beizustimmen und auszuplaudern.
Mittlerweile bin ich schon so voll von vokabeln, redewendungen und . . . äh . . . verlegenheitsvokalen, daß ich mich täglich auskotzen muß. Und siehe da: es kommt noch immer etwas heraus.

7. „Wir alle wissen, daß die Führung, die die ČSSR ungefähr 20 Jahre lang gehabt hat, mit vielen Lastern saturiert war: Dogmatismus, Bürokratismus und, kurz, mit vielen Dingen, die nicht als Modell einer wirklich revolutionären Führung genannt werden können.
Wenn wir hier sprechen, wenn wir unsre These über den liberalen Charakter dieser vom Imperialismus zu herzlich mit Beifall bedachten Gruppe vortragen, bedeutet das auf keinen Fall, daß wir uns mit der alten Führung solidarisieren. Wir müssen uns vor Augen halten, daß diese Führung, mit der wir von Anfang an Beziehungen unterhalten haben, unserem Land sogar zu einem hohen Preis Waffen verkauft hat, die man im Krieg gegen die Nazis erbeutet hatte, Waffen, für die wir gezahlt haben und noch heute zahlen, die Hitlers Truppen, die die Tschechoslowakei besetzt hatten, gehörten . . .“

(Fidel Castro)

8. fällt aus wegen schlechter stimmung!
9. siehe 5.!
10. fällt aus wegen fehlenden einfällen!
11. siehe 1. bis 7.!

Und nun?

Langweilen Sie sich, verzeihung, ich muß mich erst dran gewöhnen: langweilst du dich?
Könnte ich doch bald zu einem ende kommen, aber ich sehe kein ufer, verstehst du? Nein, das heißt nicht, daß ich mich treiben ließe, ich sehe durchaus land, aber nur nicht das ufer, welches ich erreichen will, nämlich das ufer, das man gar nicht mehr ufer nennen kann, dort, wo der strom, gegen den ich versuche zu schwimmen, seinen ursprung hat, seine quelle.
Jetzt lachst du wieder: höhnisch, sarkastisch, zynisch. Aber lach nur! Ich weiß selbst, daß ich das nicht schaffe, aber mein ziel werde ich mir wohl weit genug stecken dürfen, oder?
Warum ich eigentlich immer wieder auf euch achtgebe, auf euch eingehe; das beachte, was mir nicht hilft, nicht helfen kann, sondern nur versucht, mich auf- und abzuhalten.
Ich werde von jetzt ab keine rücksicht mehr auf euch nehmen, ihr an- und abtreiber.
Die paar seelen, die gleichfalls so vermessen waren, sind oder sein werden wie ich — wir sind zu wenige, sind zu weit voneinander entfernt, um sich jemals begegnen zu können.
Ade, verständliche welt der münzensammler & profitjäger; lumpensammler & autogrammjäger; ade, ihr technisch begabten besserwisser und sportbegeisterten pläneerfüller; ihr menschlichkeitsapostel und ewigen soldaten des friedens; ade, ich muß nun weiter, stromauf, dem ursprung entgegen, ich muß mich finden, ich allein . . .
Diese meine chance ist zugleich ein befehl, dem ich mich beuge. Davon leite ich einzig meine einsichten, notwendigkeiten und persönlichen gesetze ab, aber nun genug der einleitenden worte, ade! Ade, du abwärtsfließende welt, mein selbstgespräch beginnt nun:
Es war einmal ein wort, das am anfang stand. Wo ist es? Michael, weißt du, wo es verlorenging? Achso, du bist nicht mehr mein gefährte, dich ließ ich auch zurück, schade.
Keine sentimentalitäten!

Wozu denken? Was nützt das? Paß auf, da kommt was entgegen: treibgut. Laß es links liegen! Vorbei-vergessen-vorüber.
Jaja, die sonne wirkt abstoßend . . . oder anziehend? Nein, man würde ja glattweg verbrennen, verglühn — also dann schon lieber ehrlich ertrinken in dem medium, dem wir entstammen. Vorsicht, nicht verkrampfen, locker bleiben, gleichmäßig atmen . . . Bewegung macht spaß. Spaß? Ach, laß diese alberne wortknaubelei! Bewegung, ja bewegung ist alles!

„. . . Wert wird der stoff durch arbeit.
Dasein aber fordert zuvor ein fortgehn:
sein ist bewegung."

Reimann, du bist 'ne kanone!
Jetzt wird mir's bewußt, jetzt, wo ich's begreif, herrgott, du warst mir voraus, mensch-meier, wo magst du jetzt sein?
Ich schwimme vielleicht in deinem kielwasser und weiß es nicht mal.
Reimann, Andreas, du bist ein genie, wenn du auch ein vergammelter hund bist, ein hurenbock, ein gammler, ein . . .
Nee, Reimann, woher du das bloß hast, du kannst so gut formulieren, was ich eigentlich auch sagen wollte, aber du warst immer etwas schneller, und dabei bist du jünger als ich, unglaublich.
Wo magst du sein? Wann werde ich dort sein? Zur zeit sollst du ja im gefängnis sitzen, wegen . . . Wegen? Wütend werden? Protestieren? Vorsicht, nicht verkrampfen, locker bleiben!
Du kennst ja das gedicht von Turtianinen „WIE GROSS IST DER UNTERSCHIED", also bleib ruhig, denn sie wissen nicht, was sie tun . . .
Ruhig bleiben? — *„sein ist bewegung."*
Ich schwimme. Meine arme arbeiten im wechsel. Während mein linker arm vor der schulter liegt, geht der rechte von der zug- zur druckfase über. Zieht mein linker arm, so schwingt mein rechter vor und taucht ein; er streckt sich vor der schulter, wenn der linke zur druckfase übergeht, usf. Meine Beine schlag ich im wechsel rhythmisch auf- und abwärts, wobei die bewegung schon von den hüften her eingeleitet wird. Während der zug- und druckfase des linken armes atme

ich im wasser aus, dann dreht sich mein kopf nach links, und während mein linker arm nach vorn schwingt, gönn ich mir ein kurzes kräftiges einatmen.
Ich bediene mich der schnellsten schwimmart, wobei hier arme und beine am wirkungsvollsten und ökonomischsten eingesetzt werden.
Komme ich an gegen den strom? Jawohl, ich komme voran! Komme ich bei dieser schwimmart dazu, mir dessen bewußt zu werden? Nein. Was bleibt mir anderes übrig, als die schwimmart zu wechseln, einen gang herunterzuschalten, aber dafür den kopf über wasser zu halten. Brustschwimmen. Wenn ich brustschwimme, komme ich kaum voran; ich kann mich gerade in der waage halten gegen die strömung, aber ich kann nun sehen, daß ich vorangekommen bin beim crawlstil. Ich habe mich ein wenig von meinem heimatort, der genau an der Elbe liegt, entfernt, bin ein paar hundert meter stromauf geschwommen, nähere mich einer brücke, welche die kreisstadt Pirna zusammenhält.
Ich habe also das tor zur Sächsischen Schweiz erreicht. Vor mir liegt das schönste fleckchen erde meiner erfahrung. Wehlen, genauer: Stadt Wehlen, die perle des Elbsandsteingebirges. Heimatmuseeum, pflanzengarten, das haus des malers Robert Sterl, kirche, Café Richter, Dampfschiffhotel, Strandhotel, Gambrinus, Hotel Sächsische Schweiz, Ratskeller, Strandidyll und Hotel Elbterasse, wo ich eine saison als kellner verbrachte. Täglich im durchschnitt an die 120 gäste bedient, das sind im halben jahr an die sechzehntausendachthundertmal: „Bitte sehr!“ „Danke schön!“ „Guten Appetit!“ Oje, wer sich erinnert, treibt ab, wer denkt, bleibt stehn, also: Du darfst nicht denken, wenn du vorwärtskommen willst! *„Du hast ja ein ziel vor den augen . . .“* Das genügt. Ich schwimme gegen den strom. Genügt das?
Ich hab ja ein ziel vor den augen, was habt ihr denn? Dem ursprung entgegen . . . Riesengebirge . . . mein ziel werde ich mir wohl noch weit genug stecken dürfen, oder?

Die kühnen
schwimmen im flußbett der sprache
die meta-sprachbegabten jagen auf polizeibooten dahin
die bequemen drängeln sich in die großen luxusdampfer
die wortartisten segeln windgefügig kreuz und quer

die scheintoten sind die tödlichsten treiber
und nur die flößer treiben mit nutzen flußab
die kühnen schwimmen gegen den strom
nur von ihnen laßt euch was sagen!

Laßt mich in ruhe, nein, laßt mich in ruhe schwimmen, ich hab euch nichts zu sagen, ich bin beschäftigt, ich schwimme gegen den strom, ihr seht es doch durch eure ferngläser, die ihr auf mich gerichtet habt, weil ich eine sensation in euren augen bin . . .
Da glotzt ihr von den balkons eurer villen „Strandblick“ und „Tausendschön“ herab, belächelt den, der sich gar nicht um euer heim und eure heimlichkeiten kümmert, der da nur stromauf schwimmt. Wie peinlich!
So schön die schönen fleckchen unserer erde auch sein mögen, doch: *„Hier blüht der Klatsch, der Terror des gesunden Menschenverstandes, die verklemmte Aggression, die Hysterie, die geronnene Milch der Mutterschaft, die Bataillone von Psychiatern ernährt.“* (H. Henselmann)

zwischen welle und welle
allemal ein tal
unendliche mal
kein land in sicht
keine rettungsboje
kein guter stern und kein fanal . . .

Vorsicht, nicht verkrampfen, locker bleiben, gleichmäßig atmen . . . Achtung, da kommt was entgegen: treibgut. Laß es links liegen! Vorbei-vergessen-vorüber.
Eins zwei drei vier . . . eins zwei drei vier . . . eins zwei drei vier . . . eins zwei frei bier fünf schecks sieben macht neun zehn . . . wollen und können trennt ein ozean . . . mein kleiner körper eine nußschale . . . hin- und hergeworfen von leidenschaftsstürmen . . . vorwärts und nicht vergessen . . . das ziel . . . Riesengebirge . . . ein riese an denkkraft . . . eins zwei drei bier . . . sechzehntausendachthundertmal dankeschön . . . eins zwei frei frei frei ist, wer sich selbst besitzt . . . auf eigne verantwortung . . . mein leben ein wagnis . . . es gibt ein kap der guten hoffnung . . . jeder irrtum ist ausgeschlossen . . .

eins zwei drei vier . . . wenn die verantwortlichen merken, daß sie sich nichts mehr merken können, reden sie von der zukunft...schaum traum raum baum saum kaum zaum... mir drückt der darm . . . wellen tragen meine neugier an blaue unentdeckte ufer . . . die siegestrofäen schwenken hoch im sopran junge fraun . . . hosianna in der hose . . . gloria in excelsis Deo et in terra pax...sechzig-watt-sonnenschein... er hat die besondere gabe, ein nehmender, ein rücksichtslos nehmender zu sein . . . ich möchte landen, dort wo man sieht, wo man gesehen wird, wo man sich sehen lassen kann . . . ihr seht es doch durch eure ferngläser, die ihr auf mich gerichtet habt . . . das geheimnis des ursprungs . . . und was danach? und was danach? und was danach? . . . eins zwei drei vier . . . alles baut sich aufs andre auf . . . worauf soll ich baun, wenn ich schwimme? . . . „sein ist bewegung" . . . ich bin . . . ich bin dein . . . ich bin dein untertan . . . ich bin dein untertan nicht . . . ich bin dein untertan nicht länger . . . dort wo man geht, wo man gegangen wird, wo man sich gehen lassen kann . . . bei Gott, ich hab's doch durchaus mal versucht, ein ganz normaler mensch zu sein . . . ich muß nun schwimmen . . . hosianna in der höhe . . . dort wo man kauft, wo man gekauft wird, wo man sich kaufen lassen kann . . . nein, mit mir nicht, nicht mit mir, und wer's nicht verstanden hat, dem sag ich's nochmal, nochmal viel lauter: mit mir nicht! . . . locker bleiben! . . . wo soll ich schlafen? . . . vorwärts und nicht vergessen . . . soli . . . dari . . . tät? . . . diät? . . . wer kann mir helfen? . . . ich habe hunger . . . ich habe bedürfnisse . . . ich hasse währungseinheiten . . . ich möchte jedem helfen . . . wo beginnen? . . . an sich selbst . . . bei sich selbst beginnen . . . eins baut sich aufs andre auf . . . und wüßte ich bescheid, was wüßte ich schon?
. . . eins zwei drei vier . . . eins zwei drei vier . . .

„Besiegt bin ich heute, als kennte ich die Wahrheit,
Hellsichtig heute, als stünde der Tod mir bevor,
Durch nichts mit den Dingen verwandt als durch Abschied:
Das Haus da, die Häuserzeile
Bildet schon eine lange Waggonreihe
Im Innern meines Kopfes
Pfeift es zur Abfahrt,

Ein Rütteln der Nerven, ein Rasseln der Knochen — wir setzen uns in Bewegung.“

Eins zwei drei vier oder rattata-rattata-rattata oder tripp-trapp-tripp-trapp oder lautlos gleiten, welche bewegung ist denn gemeint? Es ist ein tausendfaches vorwärtskommen möglich, möglich schon, aber das ziel, das müßte klar sein, das müßte uns einen, uns alle. Ein wort müßte genügen, ein einziges deutliches unverwechselbares wort. Riesengebirge? Das bringt mich vielleicht zu sehr in die näher der mißbrauchten begriffe eines Friedrich Nietzsche.
Kommunismus? Ist das wort nicht zu lang, zu blutrot, zu dehnbar? Es müßte ein wort sein, das wirklich am anfang steht, ein wort ohne beifügungen, ein wort im wortwörtlichen sinn, ein wort in eigenster sache, ein wort, das jedem auf der zunge liegt, ein wort, welches sich nicht im munde verdrehen läßt, ein wort, das man halten kann . . . Aber ein wort bleibt selten allein, und das macht mich fast wortlos und statt allmächtig ohnmächtig.
Vorsicht, locker bleiben, nicht verkrampfen, ruhig durchatmen!
„filial, fraternal affection is the root of humaneness
the root of the process
nor are elaborate speeches and slick elacrity.“
(Ezra Pound)

Oja, da hat er recht, das leuchtet mir plötzlich ein, das ist es wert, besonders in deutsche übersetzt zu werden, also:
„Kindes- und Bruderliebe ist die Wurzel der Menschlichkeit
die Wurzel des Ablaufs
nicht hochtrabende Reden noch flotte Willfährigkeit.“
Nun könnte ich ein nachwort hinzufügen oder bescheidenerweise hinzufügen lassen, denn gegen Pound möchte ich nicht das letzte wort gesagt haben.
Aber!
Jederlei ding hat bekanntlich zwei seiten, auch jede tat hat bekanntlich zwei ergebnisse, wie jede eigenschaft, jede äußerung, also somit jeder furz, denn für den, der ihn fahren läßt, ist er etwas befreiendes, hingegen für die umwelt meistens etwas belästigendes.

Baudelaire: „*Manche Blume verschüttet süß wie ein Geheimnis ihren*
Duft freudlos in tiefen Einsamkeiten.“

Also, mal ganz ehrlich und unpoetisch: ich hatte einen furz gelassen. Ins wasser natürlich; es brodelte, und hinter mir stiegen gasblasen auf und platzten . . .
Ich wollte gerade dem autogenen training gemäß meine formel wiederholen: vorsicht, locker bleiben, nicht verkrampfen, ruhig durchatmen . . . aber ich konnte nicht mehr, ich mußte so lachen über meine menschliche regung, daß ich bald abgesoffen wär.
Ich paddelte schleunigst dem ufer zu.

„Da steh ich nun, ich armer Tor!"

Aber so kann nichts enden, nichts.
Verlier nicht die geduld, lieber mitleidender leser, aber es wäre glatter selbstmord, wollte ich hier enden. Oder willst du diese sensation?
Nichts weiter haben die mitmenschen zu bieten als tomaten auf den augen, lange ohren und einen großen mund . . .
Ich bin der könig der gammler stammler sammler und rammler. Was mich betrifft, so zieh ich mir euer leben in eurer eingerichteten welt vor. Mir vibrieren die haare auf der brust; ich habe frische augen in aspik und betende haare unterm kinn. Man ruft mich Faustus. Als ob ich was für meinen namen könnte, den mir mein stiefvater freundlicherweise zur verfügung stellte. Leute, die von der literatur keinen schimmer haben, fordern, es müßte der dritte teil vom FAUST geschrieben werden. Aber das nur nebenbei, denn was gehen mich die vielen scharlatane dieser welt an?
Ich habe mich um hundertachtzig grad gedreht, ich will nicht mehr stromauf zum ursprung, sondern hinab, hinab.
Ich finde das viel natürlicher, plötzlich. Woher mir diese eingebung kam, wer weiß?
Hinab, hinab, treiben, sich treiben lassen, irgendwo einmünden, ins Tote Meer meinetwegen, und versinken . . .
Mich sehnt es auf den grund aller dinge, auch auf den abgrund aller undinge. Ich möchte meine todesursachen einmal selbst ergründen, denn grundlos werde ich nicht sterben. Leben ist sterben. Gut leben heißt, sich gut auf den tod vorzubereiten. Tod ist erlösung. Wovon? Warum? Wer so fragt, fragt wie ein naiver. Gott sei dank, ich habe mir meine naivität bis ins hohe alter von fünfundzwanzig jahren erhalten. Das rechtfertigt einzig mein recht, überheblich zu sein, sein zu dürfen. Wer mich dennoch liebt, hat die wurzel des ablaufs gefunden: Kindes- und bruderliebe.
Christen, buddhisten, kommunisten — was sagt euer sprachloses herz? Laßt es ruhig weiterticken, folgt dem marschschritt eurer herzen, laßt euch abwärtslaufen, lauft ab! Dazu

bedarf es keiner gebote und keiner gesetze und keiner moral, keiner hochtrabenden reden, noch flotter willfährigkeit.
Einzig kindes- und bruderliebe; vorausgesetzt: eine gute portion naivität.
Wenn alle menschen der welt so wären wie ich . . .
Nicht auszuhalten! Das muß man sich bildlich vorstellen: der totalste totalitarismus. Die erde wäre ein schweigender stern, friedfertig-fertig-fertig . . . und vollkommen vollkommen.
Oder das andre extrem: es gäbe nicht ein einziges wesen, welches sich irgendwie gleicht . . . Die welt wäre nicht in zwei geschlechter geschieden, nicht in junge und alte, reaktionäre und progressive, begabte und unbegabte, sondern millionenfach verschiedentlich geschieden . . . Aber das leben ist nun mal ein schmaler lauf zwischen beiden polen, also: sein ist bewegung, ob spontan oder bewußt oder vergewaltigt.
Es lebe Kopernikus! Es lebe Haeckel! Es lebe Einstein! Viva Murx! Es lebe auch Freud! Sie erkannten gewisse bewegungsgesetze.
Und Goethe, Whitman, Joyce, Majakowski, Miller, Aragon, Pound, Neruda? Welche kontinente, welche planeten, welche atome, elemente, strukturen, verhaltensweisen oder gesellschaftsgesetze, welche vorweisbaren nachweise können unsere großen dichter & denker aufzählen?
Soll ich angesichts der bedenklich langen denkpause in das rasende manifest K. Wierzynskis einstimmen?
(„Fort mit Gedichten! Mit dem Seelenplunder!
Es leben Nonsens, Narren, nackte Beine!
Schluß mit Vernunft jetzt! Hoch das Wahnsinnswunder!
Leben ist alles! Künste gibt es keine!“)

Ich würde sagen, falls man mich fragen würde, nein, ich würde nichts sagen, obwohl man sich innerlich schnell etwas ähnliches wie eine antwort zurechtgelegt haben würde, also: künstler, scharlatane, pessimistische filosofen, gekonnte hochstapler und dergleichen sind die anreger, die samenspender großer ideen, entdeckungen und leistungen. Sie stellen alles bestehende in frage, stiften unruhe, erzeugen etwas für die sinne, das entweder auf die nerven geht oder sich aufs gemüt legt; sie tun das gegenteil des gewohnten, des gewöhnlichen, sie zerstören das festgefügte, zwingen die kon-

servativen typen, die nur am bestehenden anbaun, sich zu präzisieren, pressen ihnen erkenntnisse und bekenntnisse hervor, kurz, zwingen ihnen formulierungen, äußerungen ab, über deren steife unbeholfene sprache sich wieder die künstler lustig machen usf.
Pablo Neruda formulierte das so:

„Ich habe vor, die Dinge zu verwirren,
zu vereinen, sie frisch zu gebären,
sie durcheinander zu mengen, sie zu entkleiden,
bis das Licht der Welt
die Einheit des Weltmeeres enthält,
eine großzügige Integrität,
einen prasselnden Duft.“

Auch ich habe allerhand vor. Ich will zu mir selbst finden. Mag sein, daß das ein recht egoistisches vorhaben ist, aber diesen egoismus hab ich an allen meiner großen vorbilder entdeckt. Ich möchte nicht mit privaten zweifeln meine nachwelt belästigen, sondern ich möchte an den grundzweifeln meiner epoche, an den kassenstürzen und erkenntnisbemühungen meiner um- und mitwelt beteiligt sein, beteiligt als teil von jener kraft, die stets das gute will, und stets das böse schafft, nein, um gottes willen, vielmehr als teil von jener kraft, die stets das böse will, und stets das gute schafft . . .???
Unverwechselbare persönlichkeit?
So könnte ich tausend sätze mit „Ich möchte“ beginnen lassen, aber jede vornahme ist genau so bedeutungslos wie ein vorname. Mein hauptname gilt: ich heiße FAUST. Der zufall hat mir diese verpflichtung gegeben, darauf kann ich mir weißgott nichts einbilden. Aber die ungeheuerliche chance zu leben, treibt mich zu einer wahnsinnig schnellen bewegungsform an.
Motor oder kreisel? Das ist hier die frage . . .

o affenschande menschlichkeit
großer abstand zwischen den zwittern
einzigartiger bereich zwischen null und
null-komma-null
dieses manko o macht der ohnmacht
oder wo kommt dort der große tod vor?
hier her! ruft die pflicht der trieb das

bewußtsein samt aller ohnmacht aha!
da ist es wieder das dröhnende schweigen im
gebirge der trojanischen pferde aus dem
letzten indianerfilm — soso, das hätte keiner gedacht daß . . .

daß zwo mal zwo auch vier sein kann,
daß ein weiser die welt überwunden hat,
daß es neben dir auch noch mich gibt,
daß das gerät, welches bei einer raketenabwehr das geschoß steuert und die feindliche rakete in ihrem flug zerstören soll, pro sekunde 165 000 rechenoperationen ausführt, daß ich nicht der bin, für den ihr mich gern halten möchtet, daß der kaiser Septimus Severus ausrief: omnia fui et nihil expedit!
daß ich vor dem einschlafen träumte, ich wäre tot, und während des schlafens starb mir meine gesinnung ab — als ich erwachte, zog sich mein lebenswille in eine wolke tödlich verunglückter träumereien zurück.
Woran sind wir denn nun?
Schließlich zog mich die neugier doch an das modell eines parteisekretärs, der mir meinen weg mit dem finger zeigen wollte.

nackter zeigefinger
mit hut oder behandschuht
in knöchernen ketten
geschwollen
vor sattheit und wut
nackter chor zitternder finger
pocht leise
auf die beweise
der verwandschaft
knöpfchendrückender finger
(ach, haben die's gut!)
solche machtfinger gibt's nicht?
schaut nur den fingern auf die finger!

Der zweifel ist mein feindlichster freund. Manchmal bin ich so verzweifelt, daß ich nicht mehr weiß, wo mir der kopf steht. Da will ich mir die haare an den füßen kämmen, und den kopf versuch ich in einen schuh zu zwängen.

Aber immer wieder finde ich eine nachricht, eine zeitungsmeldung, eine pille, die mich wieder beruhigt. Da weiß ich dann, daß der schlüssel zum erfolg in der übertreibung liegt, der zum mißerfolg nur etwas darüber.

„Freilich, wenn ihr den Zweifel lobt
So lobt nicht
das Zweifeln, das ein Verzweifeln ist!

Was hilft zweifeln können dem
Der sich nicht entschließen kann!
Falsch mag handeln
Der sich mit zu wenigen Gründen begnügt
Aber untätig bleibt in der Gefahr
der zu viele braucht.

Du, der du ein Führer bist, vergiß nicht
Daß du es bist, weil du an Führern gezweifelt hast!
So gestatte den Geführten
Zu zweifeln!“

Das war wieder ein brechtiger Brecht!
Mir ist immer wieder zum verzweifeln zumute. Ich habe den start verpaßt oder bin falsch abgebogen oder habe meinen roten faden nie gefunden oder hab mich verzettelt oder hab den anschluß verpaßt oder was sonst?
Ich bin dem weg meiner eltern lehrer erzieher und minister entglitten. Ich habe keinen halt, keine achtung vorm bestehenden, keine ahnung, keine richtige nase, kein geld, keinen beruf . . . aber eine frau, freundinnen, sogar ein paar freunde von meinem schlag, ein dach überm kopf, eine schreibmaschine, einfälle und . . . achja, drei söhne. Und somit 'ne ganz schöne menge verantwortung. Und 'ne brust voller zweifel, hoffnung und lust. Aber fragt mich nicht, was liebe ist oder parteilichkeit oder berufung.
Wenn ihr wollt, springe ich euch den saltorückwärts aus dem stand, und zwar auf der stelle. Wenn ich euch ein schmuckstück für eure leere zimmerwand malen soll, bitte sehr. Oder wenn ihr von mir verlangt, ich sollte klavierspiel erlernen, gern. Auch könnt ihr von mir fordern, ich solle jeden tag ein

konzert anhören, jeden tag zwanzig seiten prosa der weltliteratur lesen, drei stunden körperlich arbeiten, eine stunde sport treiben, einen zweistündigen vortrag über filosofie anhören, zwanzig minuten ein bild betrachten, mich täglich zwei stunden mit kindern abgeben, sieben stunden schlaf ... und ihr würdet mir dann noch drei stunden freizeit gönnen ... ich verspräche euch, mich würde es zu meiner schreibmaschine ziehen, zu meiner frau, zu meinen kindern, zu meinen nachbarn, zu euch, zur welt, zur wirklichkeit! Jetzt merke ich, daß ich mich laufend wiederhole, daß ich mich im kreise drehe, wahnsinnig schnell, so daß ich nichts feststehendes richtig erfassen und beachten kann, überall nur bewegung vermute, alles ineinander verwoben sehe — und alles scheint sich nur um mich zu drehn, nein, das kann nicht die richtige bewegungsform sein! Was nützt es, wenn ich mich bewegen kann, aber dabei nicht von der stelle komme, nur vor euren augen herumtanze, was heißen soll: Na, wie ist's, gesellschaft, könntest du mich gebrauchen, als motor?
Bei Gott, diese prostitutionshaltung, diesen versteckten pazifismus muß ich endlich aufgeben. Welche bewegungsform soll ich denn noch ausprobieren? Man kann sich ja allerhand fortbewegungsarten antrainieren, das weiß ich am besten, aber fortgehn, wohin?
In richtung der herde? Qualifizieren und vordrängeln, möglichst bis zum leithammel? Oder als schwarzes schaf die narrenfreiheit des hinterhertrottens genießen?
Es wäre ja alles einfach, gäb's nur einen Gott und einen weg. Dabei käme mir's nicht in den sinn zu fragen, warum so und warum dorthin.
Marx-Engels-Lenins weg ist allmächtig, weil er richtig ist, mußten wir in der schule hersagen. Seitdem steckt mir das mißtrauen in den knochen.
Nun sende ich einen flüchtigen gruß nach „Hashbury", der hauptstadt der hippies:

Ave!
kleines lachgrübchen
du tal des schmunzelns
neuentdeckte zuflucht-flucht-flucht
vielleicht genügt das bißchen tiefe
multum non multa

also ich glaube schon
bona fide
daß das das ende nicht war
also lächelt — warum?
weil die welt so schön bescheuert ist
kleines lachgrübchen
du mekka meiner zunge
vorgeschmack auf die tiefste aller
gruben die in den schoß führt . . .

Was ist besonderes daran, daß ich wiedermal möglichkeiten wittere: großfamilien.

Apropos möglichkeiten: es werden in naher zukunft computer programmiert, die uns beim wort nehmen werden und exakt unsere heilslehren und glaubenssätze auf ihren tauglichkeitswert und ihre widersprüche hin untersuchen. Vielleicht wird das genügen, unsere riesige kommunikationsfirma „frase & mißverständnis" in die luft zu sprengen. Die menschen würde ein herzschlag hinraffen, ein paar wenige siechten sprachlos dahin.

Perspektiven! Perspektiven!

> *„Unendlichkeiten öffnen sich: eine mächtige Großhirnrinde übergestülpt trottet etwas dahin; Finger stehn wie Zirkel; Gebisse sind umgewachsen zu Rechenmaschinen — o man wird ein Darm werden mit einem Kolben oben, der Systeme absondert . . . Perspektiven! Perspektiven! Unendlichkeiten öffnen sich! —*
> *Aber wegen meiner hätten wir Quallen bleiben können. Ich lege auf die ganze Entwicklungsgeschichte keinen Wert. Das Gehirn ist ein Irrweg. Ein Bluff für den Mittelstand. Ob man aufrecht geht oder senkrecht schwimmt, das ist alles nur Gewohnheitssache. —*
>
> (Gottfried Benn)

Herrjeh! das ist eine befreiung, so ein pessimistischer orgasmus. Erst danach hat man das recht, einen Whitman zu lesen oder jemanden zu sagen: ich liebe dich.

Nun tippst du mir auf die schulter, schaust mich fragend an, spitzt den mund spöttisch, zwinkerst gar noch mit dem linken auge — ach freund, laß doch diese anspielungen!
Zeuge du erst mal kinder, gründe eine familie, schaffe futter heran, bringe deinen sprößlingen bei, was es heißt zu leben, und nicht einmal dann hättest du ein recht, mich so scheel wie einen faulenzer anzublinzeln.

Ich selbst bin eins der jüngsten kinder des sozialismus

Was gehen mich meine eltern an? Welches recht nehmen sich meine väter, mich erwachsenen sohn in ihrem machtbereich festzuhalten? Aus lauter liebe? Ich kann's nicht glauben. Nein, dich erkenne ich nicht an, generation meiner väter. Ich suche das reich meiner mütter. Einzig in euch, frauen, sind wir geborgen, können wir uns verbergen, sind wir unausrottbar.
Ich suche das land meiner mütter, das land, wo keine soldaten geboren werden. Mutterland FRIEDEN. Land aller länder: UTOPIA.
Verzeihung, ich muß mich unterbrechen, ein brechreiz zwingt mich, ich schreibe morgen weiter, wenn diese üble laune vorüber ist.
Heute sieht es nicht anders aus, obwohl heute um 3.58 MEZ der erste mensch . . . der erste mensch den mond betrat. Ob uns das dem land Utopia näherbringt?
Meine mundwinkel müßtet ihr sehen! Ich liebe keine sensationen, sage ich, der am liebsten eine sensation vom zaune brechen möchte.
Achja, was möchte ich nicht alles! Eine bedeutende rolle spielen in diesem welttheater, diesem affentheater? Welche rolle? Leben oder schreiben? Wer spendet mir applaus? Wer ernährt mich? Kämpfen oder dulden? Was ist menschlich?
Eugéne Ionesco sagt: *„Ich plädiere nicht, ich klage nicht an; ich glaube, ideologisches Tendenz-Theater, das ein anderes Ziel als sich selbst im Auge hat, berührt nur den oberflächlichen Teil menschlichen Wesens."*

Glaube ich auch, glaube ich tatsächlich, aber was führt denn in die tiefe des menschlichen wesens? Deine theaterstücke, lieber Eugéne? Sich nur selbst im auge haben, wird auf die dauer auch langweilig; es gibt nichts langweiligeres. Das muß ausgerechnet ich sagen!

„Der Kampf der Arbeiterklasse gegen die Theorie und Praxis der bürgerlichen Dekadenz ist als Voraussetzung für die Entfaltung des neuen Realismus notwendig und historisch gerechtfertigt . . .“ (Horst Redeker)
Ich kann gar nicht weiterlesen. Das muß man vielleicht hundertmal durchlesen, damit man's glaubt, aber begreifen kann man nichts.
Die arbeiterklasse . . . gut, sie kämpft also gegen theorie und praxis der bürgerlichen dekadenz . . . Nun schlagt mal im lexikon nach oder im filosofischen wörterbuch unter den stichwörtern theorie, praxis und dekadenz. Da kann man nur staunen, mit welch anspruchsvollen problemen sich die arbeiter in ihrer kargen freizeit abgeben, sich sogar organisiert zusammenfinden und dagegen ankämpfen. Wie, fragst du dich?
Man soll sich nicht gleich das schlimmste vorstellen, etwa, daß einheiten der kampfgruppen ausrücken, nein, dazu haben sie natürlich ihre diener, ihre literaturwissenschaftler, ihre funktionäre, die sie sich leisten und etwas kosten lassen. Die arbeiterklasse überprüft das ganze dann nur.
Das ist die voraussetzung, um etweas entfalten zu können, nämlich einen neuen realismus, auch der sozialistische genannt. Dann wird, verzeihung, dann ist das ganze plötzlich gerechtfertigt, historisch sogar. Von wem das gerechtfertigt worden ist, das wissen nur der liebe Gott und der herr Redeker.
Mir ist alles verdächtig, was sich mit macht und alleinvertretungsanspruch durchsetzen will. Alles hundertprozentige ist mir widerwärtig.
Was wäre Faust ohne Mephisto, Becher ohne Benn, Gorki ohne Joyce, Marchwitza ohne Kafka, Brecht ohne Beckett, Weinert ohne Mallarmé, Scholochow ohne Robbe-Grillet, Neruda ohne Pound?
Nein, ich hab bis jetzt immer noch nicht den prägnanten punkt gefunden, der die welt im innersten zusammenhält.
Und Gott ablösen? Was soll dann in den mittelpunkt rücken? Ein mensch? Konkret: wer? Natürlich, man ist heute schon in der lage, bis in die erbanlage hinein einen menschen zu manipulieren, quasi einen idealmenschen zu züchten. Fragt sich bloß nach welchem ideal.

Nein, ich bin nicht so leichtsinnig, auszurufen:

„Hier sitz ich, forme Menschen
Nach meinem Bilde,
Ein Geschlecht, das mir gleich sei,
Zu leiden, zu weinen,
Zu genießen und zu freuen sich
Und dein nicht zu achten,
Wie ich!“

Denn ich weiß zuwenig über mich selbst, über mein wesen, über meinen auftrag und über meine grenzen.
Ein auftrag, den man sich selbst aufträgt, ist der beste auftrag, den man auftragen kann, nicht wahr? Mensch, sei Mensch! Das klingt sehr menschlich, nicht wahr?
Mich kotzt dieses gefasel an!
Mich interessiert die hölle auf erden. Aus schandflecken, aus hungertümpeln, zuchthauskloaken, den sprengköpfen der wasserstoffbomben, aus massengräbern, den moralischen abfallgruben und aus unfruchtbaren sandwüsten hab ich meine haltung gesogen, nicht aus schlaraffenländern, lehrbüchern und mutterbrüsten.
Ich suche schreibend meinen weg und meine freunde, einen verleger, einen brötchengeber, eine reibefläche und eine wohnung, wo ich einen schreibtisch aufstellen kann. Gefunden hab ich nichts, aber ich bin nicht mutlos geworden. Ich kann mich nur fragen, woher ich komme:

in meiner umgebung war ich der
mittelpunkt meiner verschiedenen standpunkte
viele ehemalige bet- und bettgenossen
sind verwirrt aus meinem kreis gestiegen
heute glaube ich der stimme im radio, die da spricht
DENKEN IST DIE ERSTE BÜRGERPFLICHT
dann erfreut mich
ein jazzkonzert mit orgel und wutschrei
trotzdem wirft das harmlose fensterkreuz noch
unheimliche schatten auf meine silberbromseele . . .

Wohin ich gehe?

Ich weiß es nicht, ich weiß nur, wohin ich nicht gehen darf, denn ich will mir den weg nach vorn offenhalten . . .
Mein fenster steht tag und nacht sperrangelweit offen. Ich kann meinen heimatort überblicken, einen ort bei Dresden, einen vorort menschlicher ab- und zukunft. Auf jeder straße ein betriebsteil eines teilbetriebes. Die straßen sind keine promenaden, und die häuser sind keine grabsteine, aber traurig sehen sie aus . . .
Waas? Ihr kennt meinen heimatort nicht?
Dabei ward ihr alle schon mal in meinem dorf nach buttermilch, auch nach meinen brötchen standet ihr schon früh sechs uhr vor unserer bäckerei; meine salatstauden wurden weithin gelobt, die ich aufzog unterm glasdach am rande der ortschaft. Für das bier, das ich euch servierte, stecktet ihr mir dankend ein trinkgeld zu, und im winter hab ich schwitzend eure leselampe gefüttert im kraftwerk; an textilmaschinen stand ich zur nachtschicht für die wechselnden moden unserer frauen, auch von einem Elbe-ufer ans andere brachte ich euch mit meinem fährboot, ich spielte nebenrollen bei kulturveranstaltungen, schanzte mir vom großen beifall auch etwas zu. Mit dem auto seid Ihr an mir vorbeigefahren, wenn ich hemdsärmlig unter straßenarbeitern stand, selbst als postzusteller wurde ich von euch gegrüßt. Ich spielte viele rollen für euch, und des nachts stürmte ich durch die häuserreihen und schrie: laßt mich euer dichter sein!
Ihr aber habt andre sorgen! Nur in den betrieben betreiben die menschen eine wahnsinnige betriebsamkeit. Dort geht's um die wurst oder um politik oder um geld oder um alles. Da geht's um erträge und um ertragbares, um pläne, prämien und drehzahlen, drehzahlen . . . und alles dreht sich um unser weiterleben – und alles zahlt sich einmal aus.
Wie—wem—wann? Wozu—warum—wofür?
Das ist das leben: offene fragen in verschlossenen gesichtern, unerfreuliche ansichten vom fenster aus, aber unerhörte aussichten unter den dächern, bäumen und kränen, unter den hüten und bücherdeckeln meiner heimatstadt.
Trotzdem:
wenn ich auf die ausgetretene straße hinunterblicke, fühle ich die erde unter mir, die ganze runzlige, verbrauchte erde. Von weitem sieht man komische formen, linien, sonderbar auf-

geteiltc flächen, lustig anzusehendes gewimmel bunter punkte . . . Möglich, daß einer dieser sich bewegenden punkte FAUST heißt.

„Die Erde reist durch den Weltenraum. Was ist ein Dorf auf dieser Erde? Es kann eine Spore auf der Schale einer faulenden Kartoffel oder ein Pünktchen Rot an der besonnten Seite eines reifenden Apfels sein."

(Erwin Schrittmatter)

Hilfe! Hilfe!

Wollte schreien, aber es kam kein laut aus meinem hals. Ich wollte mich an der kehle fassen, aber ich hatte weder hand noch hals. Die welt sackte mir unter den füßen weg. Oder entschwand ich der welt?
Wer wen?
Halt! Halt!
schrie ich vergebens ohne stimme.
Haltet ein! Laßt mir die erde! Laßt die welt nicht untergehn!
Ich fand weder stimme noch gehör. Soll das das ende sein? Die erde schrumpfte zu einem winzigen punkt zusammen. Oder entschwanden der erde nur meine augen; meine sinne, meine seele? Himmelfahrt? Ich erinnere mich . . . also war ich, aber was bin ich? Poésie pure? Der reine gedanke? Soll ich stolz sein? Aber ich hab kein gefühl mehr zum stolzsein. Hab ich zukunft? Wer fragt, hat zukunft. Also bin ich. Ich bin eine wahrscheinlichkeit, wahrscheinlich.
Wie . . . was . . . wo . . . warum . . . wer . . . weshalb . . . wie konnte es geschehen? Und nun?
Zu spät! Zu spät! Kein empfindungsorgan mehr für reue, keine hand mehr frei zur wiedergutmachung. Nur die stumme sprache ist mir geblieben. Soll ich zufrieden sein? Es ist die größte strafe, wirkungslos zu sein.
Wie lange ist's her? Wann war es? Kein empfinden mehr für raum und zeit. Aber ich war, ich weiß es, ich war alles, überall und immer. Bis soeben. Jetzt bricht jegliche geschichte ab. Was beginnt jetzt? Nichts! Das bin ich. Einzig das. Aber ich war: baum und erkenntnis, geschlechtsorgan und faustkeil, raketenträger und kniescheibe, hoffnung und Israel, blau und praxis, brust und schatten, basis und karosse, mensch und nano, schall und Titanic, konvexkonkav und schrecksekunde, Stalin und stopschild, humor und geografie, buddhismus und auslöser, glück und nylon, hammer und träne, luxus und virus, abfall und polymethacrylsäuremethylester, klitoris und atompilz, schöpfer und plusquamperferkt, gitarre und wahnsinn, Bad Schandau und ostern, glatze und mörser, urlaub

und mammon, halleluja und scheiße, beelzebub und schlußendausfeierabendpolizeistunde . . . Ein rest bleibt immer: ich. Das nichts. Der reine gedanke. Poésie pure. Das also war mein pakt mit Mefisto. Eine große gemeinheit, mich so jung ins jenseits zu befördern! Dabei hatte die welt ihre hoffnung, seitdem, versteht sich. Wir kamen allesamt in die besten jahre.

Möchte wissen, welcher blödmann da behauptet:

„Verweile doch, du bist so schön!"

Dazu das gefasel vom „höchsten Augenblick" und so ähnlich.

So ein spielverderber!

Auch ich war so, so ein hundertprozentig überzeugter, so ein glücklicher, denn ich wollte alles sein. Nun bin ich nichts. Schöpferisch war ich niemals. Kunst war nur trickserei; die verdünnteste materie, die es gab; anspielung auf alles, sonst nichts, nichts. Aber ich habe doch immer nur . . . nur A gesagt . . . nun kommt B dran. Basta! Bethlehem, Beethoven, blutschande, beschiß, bürokratie, bustekuchen (sächsisch) . . .

brr! brr!

Halt an! Halt ein!

Im nichts ist jede ordnung ordnungswidrig. Einzig das trägheitsgesetz scheint noch zu wirken, denn mit meinen gedanken klebe ich noch am leben, in gedanken bin ich noch an die welt geschmiedet, wie Prometheus.

Wer denken kann, hofft. Es gibt kein denken ohne hoffnung. Hoffnung ist jeder hintergedanke.

Meine denkfähigkeit . . . nein, ich bin ja nichts mehr . . . ich meine, die denkfähigkeit an sich läßt nach, denn etwas denken entfernt vom leben, und vieles denken soll wieder zum leben zurückführen. Aha!

Das war unser untergang: wir wußten zuviel und bedachten zu wenig. Nun merke ich nichts mehr, fühle nichts, denk' mir das ganze nur.

Was heißt ich? Es denkt sich halt so so so so so so so so so . . . einfach so . . . so . . . einfach so einfach . . . so einfach ist das. An was soll man denken, wenn man nur noch denken kann? Ich denke, ich dächte über das denken nach, nein, ich dächte, ich denke über das denken nach. So, ja so. So, So, so—so. Soso.

— —

— — — — — — — — — Aha!

— —

So—so!
& ? & ? & ? & ? & ? & ? & ? & ? & ? & ? & ? & ? & ? & ?
— — — — — — — — — & jetzt? & jetzt? & jetzt? ? ? ?

— —

Jeder hintergedanke wieder ein: GEDANKE

— —

, . — , . — , . — , . — , . — , . — , . — , . — , . — , . —
& nun ? & nun ? & nun ? & nun ? & nun ? & nun ?
— — — — — — — — — aha!
— — — — — — — — — — — — soso!— — —
a priori a priori a priori a priori a priori a priori a
abc abc abc abc abc abc .
xyz xyz xyz nanu? soso
& ? & ? & ? & ? & ? & ? & ? & ? & ? & ? & ? & ? & ? & ?
wer hätte das gedacht? denke mal nach! denkste!
1 2 3 4 5 6 7 8 9 10 nur das denken zählt!
denke mal an, an was der alles denkt, wer der denkt
der denkt nicht nur an sich, wenn der an sich denkt, denkt
er nicht zu denken, nichts, nichts, nichts und wieder nichts
? ?
denke! — — denkste! ! ! haha — — — denke! — — —
denkste!

man“
benötigt
Himmel
gen
aufzufahren
„Um

raketentreibstoff, eine kreuzigung, einen buddhistischen wahrheitsspruch, ein über das opfer hinausgehendes opfer, ein schicksal, eine immer strebende bemühung, einen chor seliger knaben, einen chorus mysticus, eins, zwei, drei widersacher, zwei flügel, zwölf zeugen oder apostel, eine verfügung des rock'n-roll-königs, eine aufhebungsurkunde der geburt . . .
Damit können alter und tod, kummer, klage, leid, trübsinn und unruhe aufgehoben werden.
Alles andre hebt sich selbst auf (kürzt sich mathematisch weg).
Was bleibt?
Die reine vernunft und die kritik der reinen vernunft und die kritisierte kritik der reinen vernunft.

A priori, versteht sich, a priori a priori a priori a priori . . .

Und nun? Ein königreich für ein noema!
Ich fordere ganz sachlich, vernünftig und ruhig: gebt mir meinen körper zurück! Im fleisch stecken meine gefühle, in den knochen die angst und die reue, im magen meine innerlichkeit und im darm meine ganze menschlichkeit . . .
Gebt mir meinen körper zurück!
Ich appelliere an alle kriegs- und verteidigungsministerien, haftanstalten, knochenmühlen, leistungssportbetriebe und fleisch- und wurstkombinate. Ich beschwöre alle religionen, die mir auferstehung meines körpers versprechen, meinetwegen sogar verwandelt. Stellt euch mich als gegenteil meiner äußerlichen erscheinung vor: bartlos, glattes blondes haar, dickleibig, blauäugig, kränklich, apathisch, ja und sogar weiblich.
Gebt mir einen körper zurück! Irgendeinen. Ich finde alles komparabel, nur muß es ein körper sein, mit dem man aufrecht gehn kann, aufrecht auf alle fälle!
Oder gäbe es die reinen gefühle, ich würde auf sämtliche körper (!) verzichten, aber ich hab kein verlangen mehr nach reinen gefühlen oder gedanken.
Laßt mich wieder eine gestalt aus blut und gekreisch, aus wut und fleisch sein.

Sich wieder vorstellen, oder besser: sich wieder etwas vorstellen können:
einen „höchsten augenblick“ . . .

Das waren noch zeiten:
Mein erigiertes glied wies mich gebieterisch auf mein nächstes ziel hin: „auf das Eindringen in eine die Genitalzone erregende Körperhöhle“, um mit Siegm. Freud einzuleiten. Dann war ich nahe dran. Unser schleim begann sich bereits zu vermischen. Wir vergaßen das küssen, bzw. das küssen geriet angesichts des neuen kontaktschließens in den hintergrund. Dann stieß ich zu, drang in sie ein. Das ist schon einer der allerschönsten augenblicke, den ich immer bewußter zu erleben versuche. Die augen halb zu, und den mund halb offen, die arme anziehend (aber nicht gierig) um mich gewunden, so empfing sie mich in jenem augenblick. Das war so schön, daß ich meine ganze aufgestaute last fallenlassen wollte, aber ich mußte mich verdammt zusammenreißen und zwang mir eine nüchternheit auf, indem ich mich fragte: he, was machst'n du da? Wie geht's deinen füßen? Deinem Herz? Wie schnell wird's schlagen? Wieviel schleim sondert meine vorsteherdrüse ab? . . . temperatur? . . . frequenz . . . neigungswinkel . . .
Mich interessierten plötzlich sozial-technisch-biologische fakten, als hätte ich bei allem kaum zu ertragenden genuß noch einen forschungsauftrag zu erfüllen. Doch mit weißichwas für sonderbaren sinnesorganen kontrollierte ich nebenbei den zustand ihrer erregung.
Sie lächelte beseelt, das hieß, sie ließ mich zappeln. Na warte, da half ich mit dem finger nach. Das überstand sie nie. Sie atmete wie eine lok, obwohl sie sich innerlich bremsen wollte. Wer kann das schon? Also zuckt sie drauflos, umkrampft mich mit den armen, stöhnt, versucht das stöhnen zu kultivieren, und manchmal gelang es ihr, meinen vornamen stoßweise herauszu. . .stöhnen. Dann konnte mich nichts mehr halten. Obwohl niemals ein andrer in der nähe war, drängelte ich auf ihr herum, als hätte ich mich gegen konkurrenz durchzusetzen.
Dann wirkte das trägheitsgesetz. Die bewegungen wurden langsamer, gelöster, und das lächeln wurde ausschließlich

und echt. Dann benahmen wir uns kindischer als kinder, äffischer als affen, menschlicher als menschen, bis sich die elementartriebe wieder durchsetzten: hunger, durst, harnblasendruck, müdigkeit . . .
Ein echter FAUST ging immer zugrunde, jämmerlich, heroisch oder sonstwie. Ich lebe doch und noch. Wie alt und hergebracht. Schön irr und sinnig.
Friedfertig—fertig—fertig .... Pst!

> *„Mit Trauer betrachte ich die schönen Bücher, die ich hier gerade im Blickfeld habe, Standardwerke über Relativitätstheorie und Kosmologie, die zum Teil schon wertlos sind oder bestimmt werden. Ich könne sie eigentlich alle wegwerfen. Zum Beispiel hat sich das Weltbild in der Astronomie in den letzten Jahren so radikal gewandelt, daß selbst so kühne Ergebnisse wie die Einsteinsche Relativitätstheorie nur noch historischen Wert besitzen."*
>
> (Prof. Dr. phil. habil. Georg Klaus)

Ein wahnsinn! Ich drehe mich rasend um mich, während alles hastet wie verrückt, gas gibt und flieht, als gäbe es irgendwo rettung.
Nur nicht stolpern, nur nicht stolpern, sage ich heute, der einst für die gestrauchelten so vieles übrig hatte. Nein, für die gestrauchelten empfinde ich kein mitleid mehr. Schließlich haben sie auch versucht, ebenso hastig, brutal und nervös voranzukommen wie so viele hüben und drüben. Sie hatten pech. Na und?
Aber jene . . . die von vornherein und bewußt, ganz bewußt . . . still bescheiden ruhig verhalten langsam und sicher . . .

Wer will, daß das rad der geschichte ohne bremse sei? Das führe zum selbstmord, so oder so.
„Vorwärts!" ist die gefährlichste parole, die bequemste zugleich. Die denker sind die lenker. Aber die denker haben noch nie die wirkliche wandlung, die bis in mark und seele dringende des bewußtseins und der gesinnung, allein vollbringen können. Mit erklärungen, berichten, meldungen, befehlen, kommuniqués, festreden, mit gelöbnissen, schwüren

und versprechungen wurden immer nur menschliche regungen und bestrebungen verschüttet. Jene sprache ist die der lügner, heuchler, angeber, unmenschen und tyrannen. Die sprache wirklicher dichtung hingegen reinigt, offenbart und regt an, kitzelt und provoziert menschliches wachstum. Dies ist die sprache der suchenden, der daseinsforscher, entdecker, rufer und mahner. Gottlob, Marx war nicht nur ein schlitzohr, sondern auch ein sprachvirtuose.

> *„Jede Sprache, die sich frei betätigen darf, dient allen menschlichen Bedürfnissen, sie dient der Vernunft wie dem Gefühl, sie ist Mitteilung und Gespräch, Selbstgespräch und Gebet, Bitte, Befehl und Beschwörung."*
>
> (Victor Klemperer)

Befehl & beschwörung, appell & applaus, hochrufe & ausrufezeichen — — — nein, das alles hat mit freiheit der sprache nichts zu tun, das ist verführung, vorakt der vergewaltigung.

GELÖBNIS DER 100 000
ULTRAVIOLETTE LICHTEREFFEKTE
MASSENÜBUNG DER 18 000
HOCHRUFE AUF WALTER ULBRICHT

> *„Sie haben nicht das Prinzip des Archimedes gefunden (sie störten nur seine Kreise und erschlugen ihn schließlich), aber nun haben sie die gewaltigen wellenverdrängenden Schiffe aus Panzerplatten. Sie haben nie die Schwefeldämpfe geatmet in Alchimistenküchen — — aber nun haben sie das Pulver.*
> *Sie spürten nicht den Aufwind unter den Vogelschwingen, aber sie haben das Flugzeug. Sie haben nie die Ehrfurcht empfunden großer Religionsstifter. Aber sie nahmen die Ehre für sich — und gaben die Furcht allen anderen . . ."*
>
> (Georg Maurer)

Ja, sie haben alle mittel samt allen honoraren.
Was will ich damit sagen?

Welches recht habe ich, selbst- und weltdarstellung so durcheinanderzuwerfen? Hab' ich etwa das prinzip des Archimedes gefunden?
Hab' ich überhaupt in meinem bisherigen leben etwas neues entdeckt, wenigstens etwas in die schatzkammer menschlicher kultur hineingelegt?
Ha! Ich pfeife auf alle schätze dieser welt, eine handvoll sand auf diesen faulen apfel, der sich welt nennt, und . . . und? Denn ich bin: *„Magister Georg Johann Heinrich, Faust der Jüngere, Quellbrunn der Nekromanten, Astrolog, Zweiter der Magier, Chiromant, Aeromant, Pyromant, Zweiter in der Hydromantie.“*
Eigentlich hättet ihr selbst draufkommen müssen, aber ihr seht alles viel zu kompliziert mit trüben augen. Die moderne technik hat euch konfus, blind und engstirnig gemacht. Für mich gibt's noch Hades, opferfeuer, wassergeister und luftgespinste, trotz mondrakete, farbstereoempfängern und künstlichen gebärmüttern.
Aber da ich Faust bin, bin ich über solche dinge erhaben, suhle mich in narrenfreiheit, bin obendrein noch fatalist und spüre schon mein nahes ende, das dennoch nicht von dauer ist.

„Na, herr Voland, was macht die kunst? Sind Sie auch der meinung, daß früher oder später alles noch gut werden wird, weil das leben so schön ist!“
Herr Voland schweigt arrogant. Mich reizt das zum sprechen. „Nicht wahr, herr Voland, Sie sind auch für jene welt, auf der die menschen auf verschiedene weise leben, auf verschiedene weise lieben und auf der sie auch verschiedenes für sich selbst finden dürfen, nicht wahr?“
Er lächelt arrogant. Weiter durfte ich nicht gehen, bei aller ehrfurcht und neugier, sonst wäre ich wie so viele modernisten dem „pluralistischen relativismus“ verfallen.
Gott behüte!
Herr Voland schweigt noch immer.
Ich aber lasse mich nicht aus meiner ruhe bringen und lache, lache bis ans ende der welt, ha—ha—ha, ha—ha—ha, ha—ha—ha, ha—ha—ha . . .

Was soll weiterleben in mir?

Wochen verstrichen. Ich war tatsächlich des glaubens, daß ich zuletzt lachen würde. Mir ist das lachen vergangen. Unruhe peinigt mich. Mir ist, als hätte ich noch zuviel verschwiegen, als hätte ich zuviel zerstörtes zurückgelassen. Dabei bin ich gar nicht so. Wer mich näher kennt, weiß, daß ich lebenslustig bin.
Herr Voland schweigt noch immer. Das macht mich unsicher. Er lächelt wie 'ne Wachsfigur. Ich vermute eine hinterlistige taktik. Besser wäre, ich könnte mit ihm im gespräch bleiben. Aber er setzt sich lächelnd über all meine bemühungen und provokationen hinweg. Das macht mich bald verrückt. Ich kann's nicht glauben, daß ich der erste aus dem geschlecht der Fausts sein soll, dem nur ein stummer, starrer antagonist gegenübersteht.
Vielleicht ist das kalter krieg, psychologische kriegführung? Oh, er lächelt und steht wie ein alptraum über allem: Hamlet mit dem totenschädel, majestätische atompilzgottheit, rauschgiftorgienzeremoniellmeister, lächelnd, arrogant lächelnd . . .
Ergeben?
Oh — ich könnte . . . ich . . . verdammt noch mal! Nerven behalten! Ruhig durchatmen! Kehre zu deiner vitalität zurück. Strahle lebenslust aus. DAS ist die einzige chance. Oder besser noch: verstärke dich, verbinde dich mit gleichgesinnten, errichte eine front . . .
Organisation, ein- und unterordnung, disziplin — oh, wie fällt mir das schwer!

Oder versuche ein schöpfer zu werden, ein übermensch, ein genie, ein held . . .

„forme Menschen
nach meinem Bilde
ein Geschlecht, das mir gleich sei.
Zu leiden, zu weinen,
zu genießen und zu freuen sich —

und dein nicht zu achten,
wie ich!"

Nein, diese zeiten sind vorüber, mein lieber Johann Wolfgang. Heute sagt man das etwa so:

lässig stehe ich
mitten im menschengewimmel
an meine lust gelümmelt . . .

Ja, auf die anlehnung ans volk kommt's an!
Mich umgibt allerlei volk:
Homer Marx Jesus Kopernikus Beethoven da Vinci Dante van Gogh Voltaire Einstein Luther Schiller . . . und wie sie alle heißen.
Es ist eine zähflüssige masse, das volk meiner wahlverwandtschaft, das volk der frei schaffenden.

„Ohne allgemeine Wahlen, ungehemmte Presse- und Versammlungsfreiheit, freien Meinungskampf erstirbt das Leben in jeder öffentlichen Institution, wird zum Scheinleben, in der die Bürokratie allein das tätige Element bleibt. Das öffentliche Leben schläft allmählich ein, einige Dutzend Parteiführer von unerschöpflicher Energie und grenzenlosem Idealismus dirigieren und regieren, unter ihnen leidet in Wirklichkeit ein Dutzend hervorragender Köpfe, und eine Elite der Arbeiterschaft wird von Zeit zu Zeit zu Versammlungen aufgeboten, um den Reden der Führer Beifall zu klatschen, vorgelegten Resolutionen einstimmig zuzustimmen, im Grunde also eine Cliquenwirtschaft — eine Diktatur allerdings, aber nicht die Diktatur des Proletariats, sondern die Diktatur einer Handvoll Politiker . . ."

(Rosa Luxemburg)

ALLE MACHT GEHT VOM VOLKE AUS alle macht geht vom volke aus ALLE MACHT

„Macht aber ist niemals Schaffen.
Macht ist geiziges Halten.

Macht ist Töten.
Macht ist Ketten legen ans lebendige Leben."
(Georg Maurer)

ALLE MACHT GEHT VOM VOLKE AUS alle macht geht vom volke aus ALLE MACHT . . .
Da haben wir den salat!
Kein „Salut au Monde", kein „Gesang der Freuden", keine „Stunde rasender Lust", kein „Gesang von mir selbst" . . .

Dabei sitzt mir die nase noch immer obenauf, mein bart steht mir förmlich auf die stirn geschrieben, krauses kopfhaar übers ohr gehaun — so kopflos zeigt sich mein wahres gesicht. Nur die umwelt hält mich für eine 38prozentig normale flasche . . . Doch von mir sollte gar nicht die rede sein, es geht um große kühne POESIE.

„Manchmal scheint es, als ob modernes Dichten nur ein Notieren von Ahnungen und blindem Experimentieren sei, aufbewahrt für irgendeine Zukunft, in der hellere Ahnungen und geglücktere Experimente sich an ihm entzünden könnten. Überall ein Zur-Verfügung-Stellen von etwas, worüber jetzt noch nicht verfügt werden kann."
(Hugo Friedrich)

„Ein ganzes Volk, in die Kelter gepreßt, blutet singend", singe ich blutend mit Apollinaire und vermute anklang an vollkommenheit.

Wir erzeugen zwielicht
wir entdecken dunkle flecken auf der sonne
wir entdecken weiße pigmente auf schwarzen seelen
wir hellen alle farben mit blonder musik auf
wir erzeugen mehrwert durch lange tiefe ruhepausen
wir erwecken bedürfnisse mit hilflosen leeren händen . . .

Mal sehn, vielleicht läßt man mich in diesem land, das ich so schwer beleidigte, doch noch einmal zu wort kommen. Es wird mir nichts nützen, denn bis dahin werde ich gestorben sein. Na und?

„Selbst in vielen hundert Weltperioden vergehen die Taten nicht; wenn ihre Zeit erfüllt ist, bringen sie dem Wesen ihre Früchte“,

lehrt eine alte buddhistische weisheit.
Und noch ein trost, den mir V. Katajew spendete:

„Lenin nannte Dostojewski einen erzschlechten Schriftsteller, was ihn jedoch nicht hinderte, ein Dekret über die Errichtung eines Dostojewski-Denkmals zu unterzeichnen.“

Na und?

Dies ist die wirklichkeit zwischen Los Angeles und New York:

Jeden tag werden 33 menschen umgebracht
jeden tag werden 553 raubüberfälle verübt
jeden tag werden 79 frauen vergewaltigt
jeden tag werden 694 schwere körperverletzungen registriert . . .

Tja, mein lieber Walt, was ist aus deinem gelobten land nur geworden? Und Wladimir, was wissen wir schon aus deinem land, wo es keine pressefreiheit gibt?
Vielleicht sieht Mao eine alternative?
— grenzkonflikte zwischen SU und China — blutige unruhen in der nordirischen hauptstadt — woche der kleingärtner — wie wird das wetter? — revanchistentreffen in Düsseldorf — Gunther Sachs besitzt B.B. und das teuerste klosett der welt — hochrufe auf partei- und regierungsdelegation — sozialistische bruderländer mit panzerketten und ökonomischen keilriemen zusammengehalten — unter dem paradoxon demokratischer zentralismus — gedenkkundgebung in Buchenwald — (lang anhaltender beifall)
Ich habe wahnsinnige kopfschmerzen. Ich fühle mich überfordert. Vorläufig noch.
„In fuffzig jahrn ist alles vorbei . . .“, oder es kommt zu folgendem dialog:

„Nu, wie gehds?“
„Nuja, s gehd.“
„Nu, da gehds ja!“

Ärger wirds im leben immer geben, vielleicht auf diese art entladen:

> „Also, wissen Se, ische sache ja ni glei was, ich habs Ihn schunn ä ma gesacht, aber das eene kannsch Ihn sachn (droht mit dem finger), weiter sachsch Ihn nischd!"

Nun ist gut, nein, es ist eben nicht gut, im gegenteil, es ist schlecht von mir, daß ich mich nicht bessere, daß ich in der alten art weiterlebe, -denke und -schreibe.
„Hör auf, hör auf!" rät mir jeder, der mir über die schulter blickt. Dann bin ich erstaunt, daß sie es alle besser wissen als ich, daß sie es alle besser sehen und daß sie alle besser sein wollen als ich. Vielleicht lade ich hier tatsächlich nur meine komplexe ab, hier, wo ich meistens allein bin mit meinen büchern und gedanken, während ich im leben, in der praxis, überall meinen mann stehe, so wie jeder, wie fast jeder.
Nun möchte ich schluß machen, nein, ich muß schluß machen, denn so geht's nicht weiter; bloß weiß ich auch nicht genau, wie es nicht weitergehen soll: im text oder im leben? Für was soll ich mich denn entscheiden?
„Fürs leben, fürs leben!" ruft mir fast jeder zu.
Als ob das so einfach wäre für einen, der erst beim schreiben so richtig auflebt.
Nun gut, einer muß sterben, damit der andere in ruhe leben kann, bloß wer? Mein leibliches ich oder mein allumfassendes literarisches ich, was ich nicht zu fassen vermag, nun, wer oder was?

Um
abzusteigen
gen
Hölle
benötigt
man

mut, ausdauer, fantasie, einen rucksack voller erfahrung, eine scharfe zunge, strotzende gesundheit, strategische programme, gehirnnahrung, etwas kleingeld, zahnbürste und trinkbecher, eine flasche wermut (rot), eine allgemeine wissenschaftssprache, ein buch voller historischer einsichten, eine muttersprache mit dialekt, zwei, drei unanständige witze, eine zugreifende hand ohne zeigefinger, etwas anpassungsfähigkeit, einen koffer voller reserven, ein unverwechselbares eigenes profil, einen körper voll menschlicher wärme . . .
jede menge beziehungen, ein paar hilfreiche hände, ein wenig bestechungsgeld, eine schmeichelhafte stimme, einen katzenbuckel, eine graue strähne, zur rechten zeit eine träne, und ein tröstendes wort für alle gelegenheiten. Und:
mene mene tekel an der abortwand, eine
sozialistische grußformel unterm liebesbrief,
zwei stempel überm todesurteil,
feuer im wald, hahn auf'm dach, pech unter den sohlen, nachricht von Hiob, grüße aus der unterwelt, polizeiliches kennzeichen unter der vorhaut, hautevolee, klimaanlage außer betrieb, wahnsinn, unsinn, höchster sinn aller sinne, ich folge deiner strengen logik, ich werde vorsitzender deiner partei, habent sua fata libelli, o welch erzenes gewächs, hosianna! friede-freude-mutterkuchen, die stehlampe — mein leuchtendes vorbild, erster solist im chor der großen schweiger, geduld, geduld, jedwedes heilmittel, oft aufbrühbar, rezeptlos, respektlos, steht nackt im blitzlicht der lemuren, noch ohne sprachvermögen, gewaltverzicht, berufung auf tote klassiker, ich bin blind und sehe chancen, manche vermuten vorsätzliche sabotage dessen, was sie weltanschauung nennen, ein feind des friedens stellen sie fest, danke für die hohe auszeichnung, ich setze noch eine überstunde dran, ei, ei, schlimm ist nichts zu sein, schlimmer ist nur etwas zu sein, am schlimmsten ist alles sein zu wollen, halte übrigens die frauen für empfänglich und die männer für empfindlich, gibt sich doch ein teil von mir fürs ärmste schwein im schlaraffenland aus, sagt immer, mein mund sagt, wer zweifelt macht sich interessant, wer kritisiert der wird bekannt, wer opponiert kommt in die gitterstube, wer revoltiert gräbt sich die eigne grube, bin außerdem kammerjäger, schürzenjäger, düsenjäger, profitjäger, lumpenjäger und fallschirmsammler, . .

setze den kulturfunktionären flöhe ins ohr, mein wille will der wille aller guten willens sein, mein können kann nur das können aller ohne möglichkeiten sein, glaube mich selbst in der hand zu haben, mein körper steht unterm und fällt unters wehrgesetz, ist es möglich nein zu sagen ohne gegen den frieden zu sein? ich grüße die greifende hand der dritten welt, ich möchte überheblich sein und mich mit den brüsten meiner geliebten brüsten, Buchenwald ist uns ein begriff, Bautzen auch, ich möchte nichts weiter fühlen als nichts zu fühlen, morgen möchte ich mal unterheblich sein und mich mit den stützen meiner regierung stützen und nichts weiter tun als nichts zu tun, wir arbeiten auch nachts, morgenstunde hat rotz im munde, und wer nicht fühlen will muß hören: im himmel soll die hölle los sein . . .

los jungs
    wir wollen paar götter abschießen
    den gläubigen zu zeigen daß
    auch götter sterblich sind
    hahaha ha-ha-ha
    und engel fangen wir ein
    den prüden vorzuhalten
    williges fleisch und schwachen geist
    los jungs
    ein lied!
    . . . glücklich ist wer vergißt
    was nicht zu vergessen ist . . .

so sind die die so sind, mein lieber Jan Palach, nehmen an jeder teilnahme teilnahmslos teil, ob du zu grabe getragen wirst oder auf ein siegerpodest, es finden sich jederzeit solche und solche, also was soll's? gesinnung auf halbmast gesetzt und den schwanz eingezogen und alles als gleichgültig anerkennen?
Mit fünfzehn jahren schrie ich für mich selbst:
    ich will nie gleichgültig sein!
    weil ich nicht lügen konnte
    aber das ist lange her
nun bin ich doch im großen netz der müdigkeit verfangen (ich mit meinem kernigen namen und meiner stämmigen

wucht der einsamkeit) und möchte nun gar noch heucheln und ruhe bewahren, aber es geht nicht, nicht hier, in dieser epoche der atom- und sexbomben, in diesem europäischen reservat der möchtegerns, nicht hier, wo es tickt, wo es raschelt, wo es rieselt, ojeh, meine sehweise ist eine versehentliche, denn wer einmal soweit heruntergekommen ist wie ich, wird einsehn, daß es nichts mehr einzusehen gibt. Ich bedaure nur, daß ich keine hymne auswendig hersagen kann, denn ich wäre ein nützlicher junger mann und im zeit-dung jeder zeitung könnte ich mich reichlich mästen, aber es wird wohl immer so bleiben: ich gehe, ich werde gegangen, ich lasse mich gehen, aber aufrecht, immer aufrecht, ach, was nützt da bekenntnis, kenntnis und können, was hilft da meine einsicht gegen die eine sicht? O magenpförtner, wem gott ein amt gibt!
was nicht in den zwölffingerdarm paßt,
    paßt nicht in die volksmasse des bauches
    paßt nicht in die gesellschaft der nützlichen glieder
    basta!
o lichtwurzel o dekadenz im eiweiß des blutes o tausendundeinen dank! dabei liegt die betonung wieder auf dem E, dEnn das ist das EndE allEn anfangs, noch haben wir ein wenig zeit, herrjeh, das ist wie 'ne gleichung mit fünf unbekannten oder wie materie zwischen zeigefinger und daumen, nein, was wäre denn wenn . . . wenn der text ohne erlaubnis erlaubt würde.

Walter Wissarionowitsch and his All Stars
bestseller auf der eindimensionalen drehbühne
den rhythmus bekommt jeder zu spüren
von meinem künftgen denkmal borg ich mir das eiserne lächeln
an den hut steck ich mir einen wanderschuh
das aktiviert mein nachlaufvermögen
denn der mikrosafir kennt die verschlungenen pfade
manche orte sind die letzten orte der frei-frei-freiheit
die letzten museen individueller pornografie
verschiedenfüßig tanzt die wahrheit
ich gestatte mir einen melodischen zwischenruf
wir wettern über das wetter und schließen wetten ab
aha wird jetzt jeder denken

ein computer kann sich solche späße nicht erlauben
erlauben Sie mal! wer fing denn damit an?
zuerst setzte der holzhammer ein
dann — erlauben Sie — wurde es dünne
von durchfall kann keine rede sein
die zeitungen sogen es auf und verschwanden in der masse
nun löffeln wir mit der gabel die zwischentöne auf
— — — legt den hörer auf
dann ertönt das pausenzeichen und ich dachte schon
die feuerwehr käme . . .

Ojeh, das war 'ne ohrfeige dem realismus, nicht daß ich's nötig hätte, ich stehe ja nirgends dahinter, zudem werdet ihr mich nie im ganzen zu fassen bekommen, denn ich habe mich selbst nicht beisammen, überall teile ich mich mit und vergeß mich zurückzunehmen, einzig meine fortpflanzungsorgane behalt ich im auge, ihr könnt mir endsiege versprechen und superlative, aber mit euch, ihr lieben genossen vom staatssicherheitsdienst, mit euch bin ich verloren, dann schon lieber lebenslänglich einzelhaft in einem herzen und danach ein paar wochen erholungsurlaub auf festen brüsten, zwei semester gasthörer an einer kunsthochschule, fachrichtung freie liebe, neun monate direktstudium für entwicklungsgeschichte der embryos, zehn minuten rauchpause und — eine schweigeminute für private zwecke, einen schlanken hals wünsche ich mir, den hals einer gitarre, den man begreifen kann, denn anderes begreife ich nicht, baldriantropfen foltern mein keusches herz, hoppla, sagte ich herz? Bumm, bumm, bumm-bummm . . . Ha, es tanzt, hoppla, ein seitensprung, es wird gepeitscht und angetrieben, von wem? Geile kaderleiterinnen, brandstiftende förster, schlachtende ärzte, arbeitslose politiker, messerwerfende kellner, ja alle spezialisierten berufsfanatiker treiben mich die stufen hinauf, die hinab führen, hinab in die hölle, mein paradies unter erden, nein, um gotteswillen, das möchte ich nicht so ausgesprochen haben, verzeiht mir also, denn jede einseitige idealisierung ist im wesen inhuman, und ich wollte ja wirklich keinem zu nahe treten, also bleibt mir vom halse mit euren würgfingern, ich warne euch, ich habe angst, ich schreie, paß auf, gleich

kommt mir jemand zu hilfe und schon haben wir wieder den schönsten krieg im lande, also bleibt friedlich, steckt ruhig mal was ein, laßt euch ruhig mal was gefallen, morgen denkst du genau so wie ich und ich so wie du, denn es kommt immer auf das gleiche heraus, also was soll's? Ich hätte ja lust, lustig zu sein, aber ihr holt ja schon wieder die flinten aus dem korn und eure weißen westen hängt ihr an den nagel, zieht asbestanzüge an und wollt gemeinsam durchs feuer gehn, nur mich laßt ihr hier sitzen, denkt euch, ich wäre nicht zu gebrauchen, ich hätte ja nicht alle beisammen, zugegeben, aber ich bin nun mal nicht so bescheiden, einfach weil ich Faust heiße, na, aber das hat heute nichts mehr zu sagen, heute ist der name nur schall und rauch, daten zählen, stückzahlen und kennziffern, na, dann prost! Ihr betrunknen sachlichkeitsapostel, mit euch trinke ich am liebsten, weil ihr dann, wenn ihr nicht mehr wißt, was ihr sagt, so ehrlich und menschlich werdet, da braucht ihr mich plötzlich zum trostspenden. Und dann schleudre ich euch in eure starren visagen das, was ihr verdient, dessen ihr bedürft, wofür ihr mich aber im nüchternen zustand ins gefängnis bringen würdet, aber jetzt, jetzt stimmt ihr mir mit gläsernen augen zu, schämt euch nicht eurer ausgezogenheit, seid heiter und unbeschwert, kurzum: Der mensch bekommt neue augen, eine neue nase, einen neuen mund, der rhythmus der finger vertausendfacht sich, die gegenstände verdoppeln sich, die welt schwimmt im überfluß, die frauen bekommen plötzlich durchsichtige kleider, nichts muß mehr geteilt werden, alles verdoppelt sich von selbst, es gibt sich alles für die eigne leistung aus, an götter werden keine konzessionen gemacht, und das schlüsselloch zwischen den frauenschenkeln, man fummelt und fummelt und findet es endlich, na, so ein spaß, wie das wohl kitzeln mag, tralla-la hihi, und so bin ich mitten drin im vollen leben, was sich hier aufbläht, rülpst und bunt-schillernde blasen treibt.
Ich schaue mit glänzenden augen auf ein zum mund erhobenes bierglas, schließe die augen, mein gott, alles fließt . . . In mir könnten sich heute alle probleme der welt unter einem hut verbergen, hätte ich nur auf.

Statt dessen entweicht mir wieder alles in sämtliche richtungen und nichts bleibt mir, womit ich etwas ändern könnte, zugunsten einer religion. partei oder person.
Ich möchte manchmal aus der sprache schlüpfen und lieber vom schlüsselbein aufs mittelbein hüpfen und zustoßen, einfach zustoßen und etwas kleines großkriegen und mit verschlossenem mund bedeutendes zu sagen haben . . . Was verändert die welt? Ich heuchler, ich brauch mich doch bloß im spiegel anzuschaun, dieser spott in den augen, mit großkotzigen fragen will ich mich aus der affäre ziehn. Na schön, du schlaufuchs, aber solange ich mich selbst durchschaue, solange ich mir selbst noch in die augen blicken kann, solange ich mich noch interessant finde unter meinen wechselgesichtern, solange bin ich voller leben, das heißt, voller bosheit, eitelkeit, falschheit, dummheit.
Nein, bei aller mißgunst gegen mich, ganz so bin ich doch nicht. Ich werde es mir schon zeigen, was in euch steckt. Eure reserven werd' ich lockern, eure liebe werd ich herausfordern, dann bin ich ein künstler. Jetzt bin ich der gefesselte Prometheus. Jetzt bin ich noch ein scharlatan, ein diplomat, ein schmarotzer, ein tausendfüßler, ein schauspieler, eine witzfigur, ein kleinbürger, eine autorität, eine, die man beneidet, bewundert und haßt. Wenn ich mich selbst nicht lieben würde in diesen zeiten, wäre ich verloren, verloren für alle künftigen kinder, die endlich einmal väter nötig hätten.
„Spieglein, spieglein an der wand, wer ist der . . . im ganzen land?“ Ach, du falsches ding, was kannst du mir schon widerspiegeln? Äußerlichkeiten: ich bin, ich habe, ich sehe aus wie . . .
Ich bin. Was? Wer? Ich habe. Ich habe eine menge sinnesorgane, glieder und werkzeuge, die ich gar nicht alle gebrauchen kann. Ich sehe aus wie ein gesunder mensch und bin in wirklichkeit eine marionette animalischer triebe, eine unförmig zurechtgeknetete masse brutal-doofer erziehung, ein stückchen schizofrener materie mit der ungeheuren sehnsucht nach einem tropfen menschlichkeit.

Menschlichkeit, mein gott, was ist das?
Und göttlichkeit, mensch, was is'n das?
Der spiegel zeigt mich mir als ideal. Draußen, ganz weit außerhalb meines blickfeldes, befindet sich die wirklichkeit. Ich sinne über das universum nach und freunde mich mit einer kleinen spinne an, die mir am arm herumkrabbelt.
Ich notiere mir kleinigkeiten und bemühe mich, zwischen die zeilen zu schreiben, damit das notierte interessanter wirkt. Und finde kein ende.
Wenn man das ende nicht absehen kann, wie schwer fällt einem dann erst der anfang vom ende.
Was bleibt mir weiter übrig, als einfach etwas aus dem großen zusammenhang des „Zusammen- und Gegeneinanderwirkens von Eros und Todestrieb" (Siegm. Freud) herauszureißen, d. h. aus der geschlossenheit des ewigen kreislaufs einige pigmente hervorzuziehen.
Da steh ich nun, starr und unschlüssig, fast schon auf'm sockel. Wie oft bildet man sich ein, selbst eine welt, ein in sich geschlossenes system zu sein, aber mit zunehmender reife setzt sich die einsicht durch, daß der einzelne mensch nur ein einzelner mensch ist.
Nehmen wir zum beispiel mich, ohne danach zu fragen, wer mein dasein bewirkte, welchem geschlecht, welcher rasse oder welcher zahnpasta ich verschworen bin.
Ich möchte mein dasein, meine körpersubstanz, meine fähigkeiten etc., also das, was man gemeinhin als eigenes leben bezeichnet, der kunst widmen, ohne daß ich auf anhieb oder überhaupt sagen könnte, was denn kunst eigentlich sei.
Bestimmt hat sie etwas mit jenem terrain der individualität gemein, auf dessen „zweckentfremdetem" oder nutzlosem boden etwas mit spielerischem vergnügen angebaut werden kann, was, vorläufig noch als sinnlose spielerei verketzert, später einmal als gesellschaftlich-moralisches normativ verteidigt und zugleich wieder verflucht, sich aber desto ernster als bestandteil künftiger lebenszeit und -gewohnheit entpuppen wird.
Ja, die frasen allerorts. Ich halte doch keine verlosung, verzeihung, vorlesung. Es hat ja alles keinen zweck. Kein heiliges mittel zur hand. Nur mutmaßungen über Jacob. Jede sekunde verhungert ein mensch auf dieser erde. „Brot für alle hat

die erde". Ich hatte mich gestern abend überfressen, weil mich ein riesiges nachholbedürfnis plagte, denn vorgestern hatte ich mich sexuell verausgabt . . . Doch es ist sinnlos, das der welt mitteilen zu wollen, weil jeder in seine eignen freuden und sorgen verstrickt ist. Mir hört ja keiner zu, da kann ich hemmungslos denken. Aber was? Ich bin schon lange leer und ausgebrannt. Noch 'ne vitaminspritze gefällig?

Es gibt so viel zu sagen, jeder könnte was sagen, wenn er was zu sagen hätte, sagte ich wohl schon, aber ich sag's eben noch mal, schließlich kann nicht jeder sagen was er will, alles gesagte muß hand & fuß haben, damit man mit dem gesagten handeln und es fuß vor fuß vor das gedachte schieben kann, denn einen kopf hat gesagtes nicht, quasi hat gesagtes keinen sinn.

leere die ähre
ehre die lehre

„Mach die augen zu und träume." Das hat jedermann gesagt.
„Wacht auf, verdammte dieser erde . . ."
„Sprich, wie du denkst!"

„Ich spreche die Politiker an
die mich nicht lesen
die Bischöfe
die mich nicht lesen
die Generäle
die mich nicht lesen
die sogenannten ‚einfachen Leute'
die mich nicht lesen
ich spreche alle an
die mich nicht lesen
nicht hören nicht kennen
nicht brauchen
Sie brauchen mich nicht
ich aber"

(Tadeusz Ròzewicz)

Ich brauche euch alle. Ihr seid mein rohmaterial. Ihr seid meine statisten. Meine helden. Meine jäger, verfolger, peiniger . . .

Nicht zuletzt drängt meine persönlichkeit in die richtung der übersteigerung. Wie kaum ein anderer bin ich von einem durch nichts zu erschütternden glauben an mein revolutionäres zeitalter durchdrungen.

„Im Ich soll Alles gesetzt sein; das Ich soll schlechthin unabhängig, Alles aber von ihm abhängig sein."

(Johann Gottlieb Fichte)

„Subjektiver idealismus . . . pfui! . . . schimpf und schande. anleihe beim klassengegner . . . ideologischer verrat . . . pfui, pfui!"

Wie auch immer, hinzukommen bei Fichte und bei mir, daß wir unter dem „ich" nicht das individuelle, persönliche verstehen, sondern ein überindividuelles prinzip, „eine große Einheit des reinen Geistes", in dem „alle Individuen eingeschlossen" sind.

Also: ich auf einer stufe mit euch, und wir zusammen auf einer stufe mit allem. Irgendwie heißen wir ja alle so ähnlich wie Göde oder Godoh. Irgendwie sind wir ja alle solche übergangsprodukte einer millionenjahrelangen entwicklungsgeschichte vom einzeller über den homo duplex der gegenwart bis hin zum . . .?

Abwarten und tee trinken. Schön ist schwarzes schweigen.

Wie auch immer, mir ist jedes mittel recht, unrecht zu haben. Ich laß mir meine zeit nicht durch andre totschlagen. Ich meide den umgang mit fachexperten, die von wenigem viel wissen und in der konsequenz von nichts alles. Lieber den umgekehrten, den natürlichen weg gehn. Ich wußte von allem nichts. Heute weiß ich von vielem wenig, aber wer weiß, was ich morgen nicht weiß?

Jeder hat die chance, ein Gott zu werden, der von allem alles weiß. Aber ich bleibe lieber der, der ich sein möchte, der ich hätte werden können und der ich vor einer sekunde noch war.

Ich bleibe im verruf, keinen beruf zu haben, keinen vater, kein land, keine konfession, keinen anstand, keine bildung, keine hemmung; ich bleibe hier, wo ich zufällig bin, wo ich gesetzmäßig bin, wo ich hingehöre, wo ich nicht gebraucht

werde, wo ich nicht beliebt bin, wo ich nicht in ruhe gelassen werde . . .
Wir, im revolutionären alter der jugend, möchten unsre kräfte für bedeutende ziele einsetzen. Aber wie? Wo ansetzen? Wer sind wir denn?
Junge menschen mit künstlerischen ambitionen. Mit uns fängt weder die menschheit noch die kulturgeschichte an. Gut, gut, gut. Na und? Schöpferisch arbeiten, hm, auf allen gebieten, hm, schaltpult, hobelbank, schreibtisch oder staffelei, hm, kulturpalast, biertisch oder häusliches kanapee, hm, man merkt nun, es geht um kultur, und wenn's um kultur geht oder sich dreht oder wie auch immer, geht's schließlich um alles oder nichts, um frasen oder um den einsatz menschlicher wesenskräfte zu menschlichen zwecken, naja.
Kunst ist jene form des schöpferischen verhaltens zur umwelt, also zur objektiven wirklichkeit, die uns zugleich mit unseren beziehungen zur natur und zur gesellschaftlichen umwelt am typischsten widerspiegelt. Amen.

„Wir könnten alle künstler werden oder wieder werden!"

Auch diesem optimistischen ausruf Henry Millers stimmen wir zu. Hurra!
Und wir fordern vor allem: vor allem: vor allem: ernsthafte kunst . . . wahrhaftigster absicht . . . ohne fantasielosem naturalismus zu huldigen . . . von filosofischer wahrheit unterscheidet . . . schöne wahrheit oder wahre schönheit . . . mit den sinnen faßbar gewordene wahrheit . . . bei menschen, die sich selbst vor keiner wahrheit zu scheuen brauchen . . .
Der hauptzweck wird sein, verklemmtheiten zu lösen, ehrliche meinungen zu provozieren, wissensdurst und lebenshunger zu wecken, kritisches bewußtsein wachzurufen, schöpferische unruhe zu stiften, fragen aufzuwerfen, zu sammeln — und: nach antworten, nach wegen, nach lösungen zu suchen . . .

„Programm abgelehnt. Plattform der konterrevolution!"

Geschehen dem, der hier sitzt, friedlich, eintausendneunhundertneunundsechzig jahre nach Christi geburt.
Geschehen in einem teutschen kleinstaat.
Geschehen dem, der hier sitzt, dessen schreibmaschine von rechts nach links klappert, während kanzler und minister frieren, während schüsse fallen, minen detonieren, bomben bersten, menschen verrecken . . .
rührt ein zufriedener seelenruhig seine tasse blut um, löffelt ein paar verkrustete bätzchen heraus,
liest in der zeitung: am aktuellsten das datum
guckt in die röhre: erfreut sich am wetterbericht
quetscht an seiner nase: schimpft auf die mitesser
schließt die fensterläden: legt sich aufs kanapee
ruht sich aus: denkt weder ans leben noch ans sterben
während ihr mund an seinem mund, während der vierte mann die karten mischt, während bei ihr die wehen einsetzen, wäh-

rend der frisör die schminke aufträgt, während der wind eine zeitung aufschlägt . . .
formieren sich im hinterhalt die uniformen der besatzungsmacht.
„Das ist typisches gespinne! — soll das 'ne metafer sein? Viel zu unkonkret."
„Weißte was bessres?"

Schweigen.
Schön ist weißes schweigen.

formieren sich, nee, formiert sich alles ausgestoßene, historisch längst überholte und besiegte, gärt und fault und greift auf das gesunde über . . .

„Das hat Brecht schon viel besser ausgedrückt." „So?" „Ja, er schrieb: ‚Verfault eine herrschende Klasse, dann wird der Fäulnisgeruch beherrschend.'"

Weiter im text: Während wir also über kitsch & kunst streiten, während andre wie strickdrehgehilfen ohne macht der ohnmacht nahe, systemlos rufen, schreien und schweigen, gekonnt rhythmisch und melodisch und durchaus solidarisch im gammlerchor: hilfe . . . hielfe . . . hülwe . . . Brigitte Bardot so hülw uns doch, du schönes schwein . . .
während andre nach pflastersteinen greifen, sich an Marx-Engels vergreifen, während arbeiter die stärksten argumente verteilen . . .
verrecken menschen, bersten bomben, detonieren minen, fallen schüsse, zertreten studenten die alten dogmen, frieren kanzler und minister, klappert meine schreibmaschine von rechts nach links . . .
Und mein schreibtisch sagt zu allem ja und amen.

Während Mr. Dädalus mit größtem wohlwollen in fräulein Mollys blusenausschnitt frühstückt, ertrinken gleichzeitig 528 opfer in einem blutbad, einem geschenk des himmels. Während mir mein stirnbein juckt und ich mich an artistischen wortspielereien erfreue, plant der letzte Gott sein größtes gemetzel.

glo- o- ria in ex- cel- sis de e e- o

Während ich tageszeitungen als schnittmusterbogen verwende und die sportereignisse über die todesannoncen montiere, verhungern stündlich tausend ratten, ohne daß ich's verhindern könnte.
Soll ich eine anklageschrift gegen den weihnachtsmann in sonettform verfassen? Mich verantwortlich fühlen? Wofür? Was ändert ein gefühl? Was sind metafern gegen befehle? Und worte? Was sind worte gegen salven und schreie? Was macht die macht des wortes zur macht der menschlichkeit?
Und rosenduft auf gräbern
und die ökonomischen gesetze
und die aufgeschnittene zitrone
und der neger mit der trompete
und das unterdrückte lachen
und das gespräch über bäume
und der wechsel der jahreszeiten
und seitdem diese hoffnung
und schon lieben zu dürfen
und doch noch hassen zu müssen
und all das
und all das
was keiner mehr im ganzen zu erfassen mag, und all das rätselhafte, noch nicht erkannte, noch nicht benannte, noch nicht ausgeschöpfte, und all die freuden, die erfolge, die menschlichen leistungen, und all die waggons voller schmerzen, und all die uniformierten gesichter der namenlosen und wie sie alle heißen . . .

Oh, dichter & denker, was könnt ihr schon aus-richten?
Zugegeben, der schreibtisch ist unsre basis. Wir hocken uns um seine harte platte und tischen uns die schärfsten argumente auf:

groß- oder kleinschreibung
tradition oder moderne
dissonanz oder harmonie
gebundene sprache oder freier rhythmus
frei oder gebunden?
Das ist die frage aller fragen.

So endet bei uns jedes gespräch über kunst & dichtung als politischer disput. (Draußen lauschen die arbeiter von der firma „Horch & Guck")

Während also meine schreibmaschine klappert, während ich liebesbriefe ins nächste jahrhundert skizziere, während ich sätze seziere und begriffe entroste, suchen millionen menschen nach ehrlichen blanken worten, damit sie genau sagen können, was sie bedrückt; damit sie singen können, was sie erfreut, damit deutlich wird, was uns einen kann: VERSTÄNDIGUNG.
(Und all das unverständliche? All das unsagbare? All die mit worten nicht zu entziffernden gefühle? All das neue, noch nie dagewesene, noch nicht eingeordnete? Und all das, was hinter den begriffen steckt mit masse und volumen? All das nur in einem moment zu fassende, nie wiederkehrende, das einmalige? Und . . . und?)

By this gate art thou measured! (Durch diese schranke wird dein maß gegeben) Denn zu viele verlieren ihr gesicht, allgemeine verflachung aller gesichter, solidaritätsmasken, unscharfe konturen, zurückbildung oder weiterentwicklung? Diese blöde fragerei andauernd! Wichtigtuerei!

Bin ich der mann aus dem volke, für den die sonne niederkam und sterne gebar?
Einbildung ist ooch 'ne bildung.
Ich suche anschluß an geselligkeit, sehne mich nach gemenge, gebell & gebet. Jedenfalls dröht mir 'ne neue sprache im herzn. Ich mache mich lustig über unsre alten, die stundenlang von der tribüne ihre paraden begrüßen. Diese wollen uns nun mit der verkieselten parole in der faust das alfabet des marxismus lehren. Danke!

Es hat ja keinen zweck, die großen der geschichte zu zitieren oder auf Adolf H. hinzuweisen.
„Ich bin jederman allerley worden: auf daß ich allenthalben ja etliche selig mache." (I. epistel an die Corinther Cap. 9/22)
Von wegen pluralistische gesinnung . . . Na und?

Im irgendwo, ja irgendwo soll es ein wirkliches leben geben, ein leben in frei-drei-vierheit.
Es kömmt aber nicht darauf an, an märchen zu glauben, man muß sie vorleben. Dies leben ist mein: auf ständiger suche zu sein.

Jammer & Sichel

Kurz bevor es mit mir und meiner arbeit zu ende geht, noch ein paar vorschläge, ein paar tips, ein paar schlußfolgerungen, einige praktische ratschläge, kurzum: ich würde befehlen:

Nimm dir die BERGPREDIGT aus der bibel und das KOMMUNISTISCHE MANIFEST und lies beides so, daß du unter parteigenossen mit der bergpredigt und unter einer christengemeinde mit dem kommunistischen manifest missionieren kannst, ohne daß du selbst schon für eine dieser absolutheitsanspruch erhebenden parteien partei ergreifst. Aus der verworrenheit wird der blanke hohn als sieger hervorgehn. Nur echte religion wird überdauern.

Leg dich an einem spätsommertag allein ins hohe gras und lies Walt Whitmans GRASHALME.

Benimmt dich recht auffällig bei einer tanzveranstaltung, dann verbirg dich in einer toilette und lausche vor allem auf die gespräche der nebenliegenden toilette des anderen geschlechts.

Mach's dir mit einer geliebten person recht gemütlich, leg dich mit einem ohr auf ihren bauch, während du mit dem anderen ohr Beethovens NEUNTE SINFONIE anhörst.

Fülle ein an einer bar ausgetrunkenes glas unauffällig mit einer übelriechenden flüssigkeit und verdufte.

Gib in einem sozialistischen staat folgende annonce auf: Ich bin reich. Wer nimmt mich aus? Bewerber mit unvermögen angenehm.

Gib deine arbeitsstelle auf und lebe ein halbes jahr von deinen ersparnissen nach deinen bedürfnissen, bevor du ein neues verhältnis eingehst.

Verwende ein freies wochenende dafür, alle dir bekannten personen mit namen festzuhalten. (Du wirst staunen, wen Du alles kennst und wie wenige dich kennen.)

Stell bilder bedeutender Menschen vor dich und höre dir vom tonband deinen lebenslauf an.

Nimm dich zusammen, konzentriere dich, sei dein eigener zeuge, gebäre dich selbst; belohne dich, strafe dich, leite all deine erziehungsmaßstäbe von deinen ureigensten gegebenheiten ab; forme dich, bilde dich, ohne dir formal etwas einzubilden; entdecke die welt in und an dir, lerne jede faser deines körpers beherrschen, gib jedem deiner organe lebensinhalt und funktion, leite du die gesellschaft deiner eigenen glieder, dann schließe den kreis, schließe den kontakt zur umwelt, dreh dich, sei generator, gib energie ab, sei eine heizsonne, ein hilfreicher mensch deiner zeit . . .

Irgendwas muß mit mir nicht in ordnung sein, merkst du's? Mir dreht's ganz schön im kopp, immer um die litfaßsäule rum, oder ich trudel wie 'ne hilflose rakete hoch über den wolken, himmelhochjauchzend, wo ich das nur her hab, die art, so vornehm zu blödeln, so pathetisch im kot rumzustaken, oder was sonst? Ich glaube tatsächlich: ich werde blind, aber die fähigkeit zu sehen, wird mir doch keiner absprechen wollen, oder? Ich bin blind und sehe chancen. Homer war auch blind? Ich schlage langsam die augen auf und — vermute vor mir etwas, besser: jemanden, der mich liebt.
Wer mir auch gegenübersteht in diesem gottlosen land, ich sage tausendmal nein, nein, nein . . .

Es ist die erkenntnis, am anfang aller menschengeschichte zu stehn, schwere des anfangs, lob des beginnens, osanna in der höhle, steh auf, es krähet der hahn, und noch bevor der hahn dreimal gekräht hat, o diese verräter, renegaten, revisionisten und konterrevolutionäre und vor allem diese verfluchten intellektuellen aller länder, vereinigt euch, einheit des menschen mit den menschen, die sich auf die realität des unterschieds zwischen ICH & DU stützt, die ihre pluralistische gesinnung wiederum von Einsteins allgemeiner relativitätstheorie ableitet, selbstredend könnte man sich auch auf Aristoteles berufen und auf weitere urmenschen, aber selbst der weise Shang Yang könnte darauf verwiesen haben, daß recht wenig in der menschlichen erkenntnis „absolut wahr" ist, freilich hat die logische semantik sehr viel zur erklärung dieses problems beigetragen, und es wird eine höhere präzision sein müssen als die logische, darin muß man jedem schreibenden

arbeiter vorbehaltlos recht geben, denn freiheit nur für die anhänger der regierung, um mit Rosa Luxemburg zu reden, nur für mitglieder einer partei — mögen sie noch so zahlreich sein — ist eben keine freiheit.
„Freiheit ist immer nur die freiheit des anders denkenden."
Ging's mir nur darum, das zu sagen? Nein, ich wollt, ich könnt die volle wahrheit sagen, aber zu welcher aussage ich auch immer kommen mag: sie ist genau dann wahr, wenn sie falsch ist. Und so bin ich immer; auch wenn ich nicht mehr sein sollte oder wenn ich als teil von mir, als verstümmelter spezialist, als abgerichteter lohnsklave, als automatisierter soldat irgendwo, irgendwann zum vorschein kommen sollte, vielleicht als weltallwächter, als raumfahrtraketenraumpfleger oder als gedanken- und gefühlsentschlacker. Wie denn! Immer als beherrscher der natur, des raumes, der zeit, der bewegung, als mann von kosmos, als mann des fortschritts, als mann der gesellschaft, „aber bei allem, trotz allem, über allem immer der mann . . ." einer frau, wie es Hermann K. auszudrücken pflegte.

Liegt neben mir: nackt. Wer oder was? Ein weib. Namens? Sowieso. Reizvoll? Ich bitte um diskretion.
Trotz, bzw. ob ihrer ausgezogenheit ausgesprochen anziehend.

„My dear!"
„My sweetheart!"

Aus dem radio dudelt das aggressive I CANT GET NO SATISFACTION. Der kleine wittigstahlofen strahlt beträchtliche wärme aus. Die taschenuhr auf dem nachtschränkchen tickt, tickt, tickt . . .
Aber ich höre weder die Rolling Stones noch die taschenuhr, in meinem blut rauscht im ewigen auf und ab von ebbe und flut der CHORUS MYSTICUS.
Das echo bricht sich an den mit braque-reproduktionen tapezierten wänden und verkehrt sich in ein klagelied: Versa est Cythara nostra in fletum . . .
Aber wenn ich mich recht besehe, habe ich gar kein radio, keinen wittigstahlofen, keine taschenuhr und auch keine braque-reproduktionen, zumindest halte ich es nicht für mög-

lich, daß ich diese singe haben soll, es wird wohl eher umgekehrt sein, denn zur zeit bin ich ganz von meinem treiben, bzw. meinen trieben eingenommen.
Hanna? Betty-Elke-Christiane-Waldtraud-Hannelore-Martina? Ich spüre, nein, ich sehe ganz deutlich: ein weib. Sie zieht mich ungeheuer an — ich ziehe mich aus . . . (der schlingel?).
Ich die schuhe, du die schuhe, deine bluse, mein hemd, deine hose, meine hose . . .

ich & du (müllers kuh, bäckers esel, der bist du)
ich & du: hundertprozentig nackt
He loves her and she loves him

„My dear!"
„My sweetheart!"
So kommt die welt vielleicht in die besten jahre, die neue welt, versteht sich, so beginnt vielleicht die zeit der ganz großen liebe. Bestimmt ist das der anfang, und ich bin am ende, fast . . .

. . . westliche welt; vom aggressiven „I cant get no satisfaction" (ich kann keine Befriedigung finden) der Rolling Stones bis zum . . .

I cant get no satisfaction I cant get no satisfaction I cant get no

dabei finde ich mich vollkommen normal, dabei bin ich vollkommen gesund, dabei bin ich ganz normal aufgewachsen, dabei fehlt's mir weder an diesem noch an jenem, dabei bin ich wie für die liebe geschaffen . . .
Sie liegt nackt vor mir. Langweilt sie sich?
Ich komme mir abnorm vor, weil ich mich ihr noch nicht aufgedrängt habe. Statt dessen hab ich lust, mir sie mal genau zu besehn, um sie in ihrer ganzen historischen größe zu erfassen.
Stürze in die unterwelt, stürze in die nacht, stürze in die vorzeit: im namen der nachwelt.
Grundloses stürzen in grundlose tiefen? Absurdes ziel? Gründe und ziele, wie vereinbart sich das? Kausalnexus, hm.
Weder aus gründen der logik, der moral, der ethik, der ästhetik, noch aus gründen der sicherheit und ordnung und aus welchen gründen und abgründen auch immer: eine gesunde

und gefühlsstarke frau läßt sich grundlos verführen, trotz aller möglichen folgen. Das intensive interesse der frau an sich und an ihrem nächsten, der über ihr liegt, gepaart mit der instinktiven abneigung gegen logische systeme und einheitliche an- und aussichten, bringen jene lose form, jene unordnung, jenes chaos, hervor, die es ermöglichen, wie Nietzsche sagte, noch „einen tanzenden stern zu gebären“. Jedoch: „Wenn man die Stellung der Frau in der menschlichen Gesellschaft klar erkennen will, darf man nicht bei sonderbaren, möglicherweise reizvollen, aber aus dem Rahmen fallenden Beispielen stehenbleiben, sondern man muß versuchen . . .“

Versuchen wir es: Minnedienst . . . frauenkult . . . troubadours . . . emanzipationsbestrebungen . . . die stellung der frau . . . im öffentlichen dienst . . . als verkäuferin . . . als lebensgefährtin . . . als modell . . . als firmenzeichen . . . als pflegerin . . . als mutter mit kind . . .

Aber man bleibt mann: mann von welt, mann der zeit, mann der gesellschaft, mann der macht, lebemann, kulturobmann, sandmann, ehemann, seemann, fachmann, kaufmann, bergmann, strohmann, edelmann, ehrenmann, sensenmann, steuermann, landsmann, staatsmann, weihnachtsmann, schutzmann usw. usf. Mann bleibt mann! Natürlich gibt's auch frauen, bitte sehr: ehefrauen, jungfrauen (?), reinemachfrauen, waschfrauen, garderobefrauen, toilettenfrauen, klosettfrauen, putzfrauen, bettfrauen, haus- und nebenfrauen.

Die psyche der frau wird charakterisiert durch ein stärker betontes und gleichzeitig labileres gefühlsleben. Die frau ist ein komplizierterer haushalt, als wir männer vielleicht zugeben möchten. Völlige gleichberechtigung kann eine frau erst dann erfahren, wenn männer ihre derzeitigen machtstellungen ausnutzen würden, eine pluralistische gesellschaft einzurichten, denn die frau ist ein pluralistisches wesen. Was haben die funktionäre davon, in einer vergewaltigten welt zu leben?

status quo ante: (um 1900)

Die freikörperkultur wird propagiert, zwar für beide geschlechter, aber das meiste engagement spürt man, wenn es sich um das leitbild des nackten jünglings handelt.
Die frauenemanzipation wird zugleich als das ende der abendländischen kultur angesehn.
Strahlender jüngling in freier natur — contra: entfremdete großstädter. Die großstädte, das sind die steinwüsten und brutstätten des völkerchaos, der sexuellen vergnügungen, der impressionistischen, sensitiven pikanterie und aller laster.
Der schwärmerei für salonfähige, schriftstellernde lebedämchen folgte die plötzliche vorliebe für das urgesunde, das herbe, keusche magdweib, für die Uta-gestalten. So wurde die weibliche persönlichkeit auch wieder zu einer anonymen „Kraftquelle des Volkes" erniedrigt, denn einzig aus der mutterschaft wurde der „Mythos des Weibes" entwickelt.

Ich bin reuig, gebe zu, familiäre demokratie beginnt aber nicht erst im gelobten haus, wenn der unterbau der familiären wirtschaft geschaffen ist, als fertiges weihnachtsgeschenk für die brave frau, die inzwischen treu den arm des familiendiktatos gestützt hat. Familiäre demokratie beginnt zugleich mit dem abbau der männerherrschaft und dem aufbau der demokratie, würde die blutige Rosa sagen.

„Gewiß, jede demokratische Institution hat ihre Schranken und Mängel, was sie wohl mit sämtlichen menschlichen Institutionen teilt. Nur ist das Heilmittel, das Trotzki und Lenin gefunden: Die Beseitigung der Demokratie überhaupt, noch schlimmer als das Uebel, dem es steuern soll: es verschüttet nämlich den lebendigen Quell selbst, aus dem heraus alle angeborenen Unzulänglichkeiten der sozialen Institution allein korrigiert werden können. Das aktive, ungehemmte, energische politische Leben der breitesten Volksmassen."
Und das müssen wir uns von einer frau sagen lassen, wiederum von einer Rosa aus Luxemburg.

Eine tolle frau liegt neben mir. Es ist überhaupt viel tolles an den frauen. Jede frau ist irgendwie toll, papperlapapp. Liegt nackt vor mir. Kleiner warmer körper, kleine harte brüste, einladendes gesäß. Meine hände, ach wie gut, daß ich sie hab: reißverschluß, strumpfhose, schnallen, ösen, haken, ja, die sache hat auch einen haken, so, nun noch einen moment, dann öffnet sich einiges, nur nicht für die öffentlichkeit. Meine finger robben ihren nacken hinab, über die schulterblätter zur wirbelsäulenflöte, ein glissando von oben nach unten, dann ein zufriedenes eintauchen ins tal der keuschheit, kurzes verweilen, dann das anstrengende besteigen der gesäßhügel, hinunter in die gegend der schenkel bis in die kniekehle, den weg ein stück zurück, dann hat man das gefühl, es sei frühling oder so, denn alles um uns scheint sich zu öffnen, schneeschmelze zudem. Prager frühling. Kürze der wollust.

„. . . und flüsterte so blaß, schwach, schwer:
Und was nachher?
Und was nachher?“

(Jewgeni Jewtuschenko)

. . . frauen werden gefesselt, geschlagen, in ameisenhaufen gestellt und gequält . . .
Es soll doch kein mann so tun, als könnte er sich ausklammern. Auch wenn heute karneval ist.
Lustiges gedöse der ideologien, mäßig, aber regelmäßig. Jammer & sichel gegen pinsel & palette (bei Platzmangel Rückseite benutzen).
Brot für alle hat die erde. Besondere kennzeichen: herzlos. Ich kann die frau nicht beschreiben, denn ich habe sie zu stark erlebt, mich selbst aber zu wenig darin, würde Kazimierz Brandys sagen. Ich bin viel zu sehr gereizt, ich muß mich ganz einfach etwas ablenken.
Vielleicht inkontinenz? Ich meine, die unfähigkeit, meinen samen willkürlich zurückzuhalten. Nein, mein lieber, man kann, wenn man will, man muß nur unbedingt wollen, denn: res severa verum gaudium. Also nimm sie ernst die freude, sei klug und zurückhaltend, gib dich mit der vorfreude zufrieden, denn vorfreude ist die . . . naja, kennen wir. Aber die finger spüren das feuchtfröhliche verlangen, sie spüren das bebende bereitsein, sie spüren das klaffende entzücken der liebesgrotte schnalle büchse dose spalte bunker höhle möse schnecke muschel fotze pumpe hummel vagina oder wie auch immer man das ding nennen will, kann und darf.

„Sauber ist das einzig Wahre, schmutzig ist unten und übel, schmutzig hat keinen Zweck. Sauber hat recht, schmutzig ist dieses und jenes, sauber ist demgegenüber, schmutzig ist alles in allem, schmutzig ist irgendwie unklar, schmutzig ist schwer zu sagen, sauber ist wenigstens noch, aber schmutzig das ist also wirklich.“

(Christian Enzensberger)

Umgotteswillen! Auf keinen fall im schmutz ersticken!

Zeitung lesen. Das säubert, sprach Sau-Bert, der jugendsekretär.

Aber er fing so an: Hochverehrter Genosse Walter Ohlbrecht! Liebe genossen der politkammer! Geehrte mitglieder des staatsausschusses! Liebe freunde und genossen! Zunächst drängt es uns, dem ersten sekretär des zentralkomitees der . . . äh . . . SSD . . . äh . . . und vorsitzenden des staatsrates und ehrenbürger vieler städte, unserem genossen Walter Ohlbrecht, herzlichen dank zu sagen für über zwei jahrzehnte erfolgreicher sozialmistischer jugendpolitik und 20 jahre jugendgesetz der . . .

(zur zeit noch immer anhaltender beifall)

„Liebe ist ein geschwür, welches von unten aufgestochen werden muß“, sagte mir kürzlich eine kellnerin, nachdem ich sie diesbezüglich fragte.

„In unserem Euro-Amerika sind wir schon gut versorgt mit Ausrufern der radikalen Darmgeigerei, der Blut- und Hodengewitter, der wunderbarsten Sauereien. Oder empfindest du wirklich noch einen Mangel an öffentlichen speichellösenden Hosenladeneröffnungen, Venusbergsteigereien, Kaltschnäuzereien, Potenzparaden, Exkrementshypostasen und Schleimseligkeiten?

Kann sich daran nicht jeder bedienen? Und bedient sich nicht jeder zwischen San Francisco und hier? Der arme Osten wird schon noch folgen.“

Der arme osten, das läßt uns Martin Walser sagen, na, dann wird wohl was dran sein. Ich könnt mir das herz aus’m leibe lachen.

Natürlich bin ich auch ein ursachensucher, aber ich möchte keine hebelgesetze finden. Sondern?
Ich möchte wissen, was liebe ist, was glück sein soll und was freiheit sein könnte. Mir fehlt dies und jenes. Ich warte auf . . . Aber es klopft — mein herz. Wer öffnet mir das tor zur öffentlichkeit? Denn mein irren ist unnachahmbar.
Ich fühle das große pech, ins morgenrot des abendlandes hineingepflanzt worden zu sein. Der abend ist die bleierne faust im genick, der abendländlische morgen samt Villon, Heine, Tucholsky und Brecht, samt jazzkellern, tabakspfeifen und bärten, samt Marx-Freud-Marcuse-Adorno und Zen. Die spitzbuben sitzen im „Klub 69“ und: lachen.

Literarischer Kitt

Ich habe nichts zu lachen, obwohl ich mich freue, denn noch lebe ich. Mir glühen die ohren vor begeisterung, noch stehe ich standhaft hier, zwar standpunktlos, immerhin fühle ich mich aufs eis gestellt, auf sozialistisches eis, falls das noch interessiert, bin mir meiner eisigen basis bewußt, weiß so um meine einbruchchancen und versuche, mich dementsprechend zu bewegen, vorsichtig, denn das eis hat sprünge.

Soll ich den großen sprung wagen? In die reine farbe, in den archaischen sprachstil, in die reinen geräusche, zurück in die wilde natur?

Noch mal von vorn beginnen?

Es ist das beste, man lacht laut, das ist das beste.

aufwärts abwärts
vorwärts rückwärts
einwärts auswärts
heimwärts seitwärts

Die sprache gibt nicht allzuviel her, man kann nichts deutlich beweisen, aber vielleicht versteht der eine oder andere doch, was ich will.

So verlaufen die windigen geschichten im sand; im namen der sonne, in namen friedlicher kriege, im namen gefügiger namen, um jeden preis, auf jeden fall, ganz sicher und bestimmt.

Hier scheiden sich die nasen, hier ist der wind mit im spiel und der verwirrende geruch; hier erschöpft sich die jugendliche alternative: alles oder nichts; hier gerät die hergebrachte liebe ins stocken; der reibungsvolle verkehr ohne vorfahrt; hier irgendwo müssen sich die dinge und undinge selbst entscheiden . . .

Ich bin ein unding, und so mit bloßen händen mich schützend und stützend hält außerdem zu mir, was mein innerstes zusammenhält.
Nawennschon, es gilt das herz neu zu besohlen, und simple muskeln wollen auch besoldet sein; es gilt die vorwürfe zurückzuwerfen – womit? Es gilt den verstand zu schleifen auf das maß: wellenlänge mal horizontbreite mal zeithöhe; es gilt ein lichtjahr auszufüllen mit ROTLICHT. Draußen rasen feuerwehr und krankenwagen mit martinshorn und blaulicht vorbei.
Leider bin ich angewiesen auf euch, auf eure dinge, die so tot sind wie ihr selbst, auch wenn alles aufgezogen ist und tickt, klickt und fickt.
Ich schau euren häusern nicht gern in die augen. Diese kurzsichtigen fenster bekreuzigen sich jedesmal, wenn sie mich kommen sehen, aber wenn ich weggehe, glotzen sie mir hinterhältig nach, diese zivilisierten gardinenfenster, als hätten sie eine schmutzige weltgeschichte zu verbergen . . .
Wir sind gut genug, es uns hier schlechtgehen zu lassen, oder wir sind so schlecht, es uns gutgehen zu lassen, dazu sind wir genug.
Ich weiß, daß das unverständlich-sein schlecht-sein bedeutet, aber ich glaube, eines tages wird jemand geboren sein, der zwischen den zeilen zu lesen versteht.
Wer es heute noch versteht, halbwahrheiten zu entdecken, der hat ungewöhnlich viel entdeckt.
(Lukàcs hat in GESCHICHTE UND KLASSENBEWUSSTSEIN — scheinbar vergeblich — auf den gesichtspunkt der totalität hingewiesen, der den marxismus von der bürgerlichen theorie unterscheidet, nicht etwa nur die vorherrschaft ökonomischer motive)

Es ware uns allen einer hande saelden nôt,
daz man rehter vreude schône phlaege als ê.
Ein missevallen daz ist mîner vrëuden tôt,
daz den jungen vreude tuot sô rehte wê.

(Walther von der Vogelweide)

Warum schreibe ich? Ich tu's der liebe zuliebe.

(jugendliebe alliebe knabenliebe affenliebe gegenliebe eigenliebe menschenliebe narrenliebe nächstenliebe gattenliebe frauenliebe katzenliebe scheinliebe elternliebe kinderliebe bruderliebe tierliebe vaterliebe geschwisterliebe mutterliebe ehrliebe vorliebe vaterlandsliebe ordnungsliebe friedensliebe freiheitsliebe wahrheitsliebe gerechtigkeitsliebe bequemlichkeitsliebe prachtliebe selbstliebe . . .)

Ich bin ein tropf und schöpfe aus dem topf mit einem schopf — klopf klopf — ich bin der führende kopf — klopf klopf — man zerrte mich am zopf und würgte mich am kropf — klopf klopf — klopf klopf — ich bin ein armer knopf.
Das ist die rechtfertigung!

Dieser roman hier ist eine notlösung. Er leidet an zutrauen zu seiner eigenen tragfähigkeit. Er hat ungeheure risse, die der autor mit literarischem kitt und künstlicher kritik auszuschmieren versucht. Soll er nur. Aber es müßte nicht sein: es ist. So.

Das ist die notlösung!

Hätt ich nicht nur blech geredet, sondern blechgetrommelt, wär ich aus dem schneider raus, aber so hab ich meine meiste zeit verbennt und verbechert, ach, hätt ich lieber auf Faust gehört oder auf Caruso.
Nun kömmt der autor des ganzen am kürzesten, weil er sich ganzzeitig hinter seinem lyrischen ICH verstecken mußte, dabei möchte ich doch so gern mal hervortreten, um dir in die arme zu fallen.
Gestern träumte mir, dies buch würde ein bestseller auf der politischen drehbühne, um gottes willen, ich würde hervorgezerrt aus dem bunker meiner anonymität. Ich müßte andauernd JA sagen und alle welt würde mit AMEN antworten, nein, nicht auszudenken, dann schon lieber für die schublade schreiben und alle verwandten im unklaren lassen.
Mögen sie sich auf den kopf stellen und mit den füßen schaum schlagen!

Noch eine banale geschichte:

Hemingway ißt eine apfelsine und spuckt die kerne aus. Er langt nach einer zweiten apfelsine. Es sind die ganz normalen dinge, nach denen er langt, unkonzentriert, aber auch unverkrampft, sozusagen ganz natürlich. Draußen übt sich Göde an eichen und bergeshöhn und köpft disteln. Sein begleiter, es schien Walt Widdmann zu sein, singt den gesang von der rollenden erde.

Nichts schien darauf hinzudeuten, daß hinterm hause sich ein gewisser Kitler, Bitler oder Hiltier oder so ähnlich, weiß der teufel, zum kuckuck nochmal, dieser kerl da mit dem abstehenden arm andauernd, woher er's wohl hat? Er soll verflucht reiche eltern haben. Verwöhnt und unerzogen. Weit weg in rom sitzt der papst. Feuerbach weiß, was er will.

Castro empfängt seinen hohen gast, den sowjetischen Verteidigungsminister, auf der zuckerrohrplantage, nicht etwa um ihm sirup ums maul zu schmieren, sondern ihm eine machete in die hand zu drücken.

Hemingway, der stille beobachter, lächelt vergnügt vor sich hin. Es gibt kein imperium, wird er denken. Marks stimmt ihm zu. Er sagt, daß er das nie behauptet hätte. Er hätte nur aufgefordert: „Proletarier aller länder, vereinigt euch!"

Marcuse fragt: „Wo sind denn die proleten?"

Faust könnte ja jetzt sagen: Ich bin einer. Aber weil Wolfgang Hilbig und Gert Neumann ihn so scheel ansehen, bleibt er lieber ruhig.

George Gnüchtel sieht verschämt hinter seiner staffelei vor, dann sagt er: „Warum sollen wir uns schämen, zuzugeben, daß wir proleten sind?" Allgemeines gelächter. Einzig Aristoteles hockt stummer miene am wittigstahl-ofen. Alle lachen nur äußerlich. Eberhard Bruckner putzt seine brille. Das macht er immer, wenn er verlegen ist.

„Na, wenn ihr alle auf eure proletenherkunft pfeift, na, dann pfeife ich einfach mit, ihr arschlöcher!" sagt es und pfeift hörbar durch die Zähne: Willi Sgolik, der hausmeister.

Old Ez faltet seine beiden ihm zugestandenen decken zusammen und schiebt sie Brecht hin: „Hier nimm, du bist der würdigere."
Brecht lehnt ab. „Gib her!" fährt der vorlaute Kurt Bartsch dazwischen, „wir spenden sie unseren vietnamesischen brüdern." Maxe Zimmerring fühlt sich seiner worte aus dem mund beraubt. Schluckt aber tapfer seinen ärger hinunter.
Peter Handke schreibt schon eine vietnamesische adresse auf, bloß bei der absenderangabe gerät sein eifer ins stocken.
Hemingway langt nach einer dritten apfelsine.
Roshdestwenski bekommt appetit und bittet Axjonow um eine apfelsine aus Marokko. Axjonow zuckt ironisch die achseln und zeigt auf Rudolf Nehmers staffelei. Dort entsteht unter der hand des meisters eine fruchtschale voll sonniger früchte. Kristian vergreift sich, hat pech und versucht nun, seinen namen zu wahren, denn lacher gibt es hier genug.
Odwin Quast übt im nebenraum orgel, er muß sich anscheinend von seinen minigedichten erholen. Oder vielleicht inspiriert ihn das zu neuen, hoffentlich zu längeren versen über sich selbst? Pfarrer Lösche unterbricht sein gebet, als er hört, daß Bahman Nirumand konkrete und praktische vorschläge unterbreitet, wie das proletariat für eine veränderung der bestehenden verhältnisse zu gewinnen sei.
„Die nutznießer der selbstentfremdung wie auch der entpolitisierung der arbeitermassen sind aufzuzeigen."
Majakowski steht schwankend auf der türschwelle, mit seinem breiten kreuz die ganze tür ausfüllend, so beängstigend ausfüllend, als wolle er sie sprengen, will aber nicht, sondern schaut hinaus in die wirklichkeit und denkt: Hm, Chlebnikow und andre haben auch recht.
Dr. Rothbauer fragt Ezra Pound, warum er seine decken abgegeben hat. „Ein dichter muß leiden", erhält er zur antwort, aber nicht von Pound selbst, sondern von einem anderen dichter.
„Solange noch ein einziges kind in der welt an hunger stirbt, ist es unmoralisch, literatur zu machen", sagt einer. Und ein andrer: „Allerdings, so ist es immer gewesen."

pfui! bravo!

pfui! bravo!

Faust gehört zu den unmoralischen, sitzt da und schreibt. Versteht zwar von allem das wenigste, sitzt aber da und schreibt. Michael Flade wendet sich gelangweilt von ihm ab, hält sich lieber an die termini der exakten wissenschaften, und nur wegen der therapeutischen erbauung greift er zu pinsel und tuben.
Andere wiederum versuchen mit noten die not der welt zu lindern. Regierungsnoten oder andere fußnoten, das bleibt sich gleich.
„Wieso denn", fragt Klaus Jugelt, der immer alles genau wissen will. „Denk an Mao oder an Mozart. Kann man die beiden miteinander in einklang bringen? Oder nimm Dubcék. Oder Kafka. Da ist auch Joyce. Denkt an den matrosenaufstand von Kronstadt. Na?"
Die angesprochenen schweigen eine weile.
„Bleiben wir doch konkret", wirft Gert Neumann in die debatte, „bleiben wir doch auf dem boden, bleiben wir bei Vietnam zum beispiel . . . dort liegt der hase im pfeffer . . . das ist die wirrrrrrklichkeit! . . . Nichts gegen herrn Homer, aber . . . die wirklichkeit muß wirksam erfaßt werden . . . das ist DAS problem . . ."
„Also, wenn ich mal was zur moral der unmoral sagen dürfte", schaltet sich Hasso Mager mit ins gespräch, „ich könnte wahrscheinlich aus moralischen skrupeln nichts dazu sagen, ich überlaß das wort lieber meinem kollegen Oskar Wilde, bitte." Aber Wilde sagt auch nichts neues. Gorki sucht den hausmeister. Andreas Reimann krault sich an seinem Biermann-bart. Volker Braun flucht: „Kommt uns nicht mit fertigem!" Dann legt er seine jugendliche stenkerdirn in falten und entscheidet plötzlich: „Doch! Kommt uns mit fertigem! Das ist unsre sache, nicht erst die der enkel." Frantz Fanon staunt unschlüssig.
Sartre verkneift sich irgendeine bissige bemerkung. Platon winkt unwirsch mit der hand, so viel bedeutend wie: Mach dem geschwätz ein ende. Neruda will gerade mit einer hymne ansetzen, da verstummen all die großen und kleinen männer der kultur, denn von fernher kommt etwas engelhaftes, etwas urweibliches auf die männer zu. Jeder hat noch kurze gelegenheit, sich all seiner guten vorsätze zu erinnern, dann werden sie alle von den strahlen einer unglaublichen schönheit

geblendet. Nackt und vollkommen zeigt sie sich. Die augen versprechen frieden, die brüste freiheit und der schoß ein ewiges leben in harmonischer „brüderlichkeit". — Wie viele tapfere männer werden geblendet, aber der vertrottelte Faust gehört merkwürdigerweise zu denen, die in ihrer unbestechlichkeit nichts in der welt um nichts in der welt richtig ernst nehmen können. So gehört er zu den heil-davon-gekommenen.

Halten wir es seiner jugendlichen naivität zugute. Er hat noch alles vor sich, kann man sagen, er hat noch eine welt zu gewinnen, oder besser: zu erkämpfen, wenn er sich's nicht einfach machen will. Von sich behauptete er mal: „Dies leben ist mein: auf ständiger suche zu sein."

Gestatten Sie uns zum schluß noch ein interview mit herrn Faust?

„Herr Faust, was suchen Sie eigentlich in dieser welt? Und gestatten Sie bitte die zusatzfrage: Sind Ihnen auch die möglichkeiten zum suchen gegeben?"

FAUST: In unserer umgebung sind dem menschen möglichkeiten gegeben, sowohl zum suchen, als auch zum finden. Aber woher Sie das bloß haben, mich als einen suchenden auszugeben?
Glauben Sie etwa, ich hätte noch nichts von Picassos bekenntnissen gehört? Denn ich sage mit Picasso: Ich suche nicht, ich finde . . .

„Aber ich kann mich an zitate von Ihnen erinnern, wo Sie sich deutlich als ein suchender ausgaben, oder irre ich mich?"

FAUST: Natürlich muß ich mich oft als suchender ausgeben, um mich gegen die übermächtigen, ja fast allmächtigen einflüsse derer zu sichern, die mit macht und absolutheitsanspruch jede gesunde neugier, jede unbequeme frage und jedes so verstandene suchen mit wucht zur sucht erheben, um es schließlich offener bekämpfen zu können. Ich mußte mich also wie bei der pockenschutzimpfung mit kleinen mengen von gift infizieren lassen, um mich so gegen die mörderischen krankheitserreger der weitverbreiteten rechthabersucht immun zu machen.

„Sie meinen, sich damit genügend geschützt zu haben, indem Sie nun eine so sichere haltung einnehmen, als könnte Sie nichts, weder wissen noch erfahrungen oder andere mächte bedrohen?"

FAUST: Bedrohen kann mich nur die gefahr, die alle menschen unterschiedslos bedroht: die verseuchung durch eine ideologie, die sich für die einzige wissenschaftliche der welt hält.

Die bedrohung einzelner bedroht mich nicht sonderlich, denn sie gehört ganz einfach zur menschheitsgeschichte, wie die bedrohung der massen von einzelnen und die bedrohung einzelner durch den staat samt seiner parteien und organisationen.
Ich bin ganz einfach da, das beunruhigt manche, obwohl sie genau wissen, daß von meinem tun keine akute gefahr ausgeht, höchstens von meinem sein.
Welches wissen, welche erfahrungen sollten mich bedrohen? Im gegenteil, alles, selbst die größten unklarheiten, rätsel und zweifel, alles zu erfahrende und alles zu erlebende bestätigt mich.

„Glauben Sie an die erlösung derer, die immer strebend sich bemühen?"

FAUST: Nein, ich kann an keine erlösung glauben, weil ich davon nichts weiß. Ich ahne nur etwas von meiner ab-lösung, denn die kommt ganz gewiß!

„Fürchten Sie Ihre ablösung?"

FAUST: Nein, in keinem fall, sage ich, obwohl ich weder fatalist noch sonstwas bin . . . ich fürchte auch nicht die gewaltsame abberufung aus diesem leben, obwohl mir es lieber wäre, ich könnte mich zu einer gewissen reife auswachsen, um mich einer natürlichen ablösung erfreuen zu dürfen.

„Würden Sie eine gewaltsame bedrohung Ihrer person abzuwenden versuchen?"

FAUST: Selbstverständlich.

„Und wie?"

FAUST: Mit list und kunst. Im erweiterten sinn: mit leben, wissen und liebe. Und zu allerletzt auch mit gegengewalt.

„Glauben Sie, auf diese art auch eine gewaltsame bedrohung Ihres vaterlandes abwenden zu können?"

FAUST: Vaterland? Meinen Sie das halbe land, in dem wir zu leben gezwungen werden? Angenommen, ich akzeptiere mal diese frase, dann müßte ich politischer machthaber sein, um mir gedanken in solchem ausmaß machen zu können ... aber sicher wäre, daß ich dann ganz andere verteidigungsmaßnahmen propagieren müßte.

„Also lassen sich Ihre persönlichen methoden nicht verallgemeinern?"

FAUST: Gewiß nicht, denn ich bin einmalig, trotz aller vermassungstendenzen, trotz aller klassen- und rassenkämpfe, trotz aller kreuzzüge und friedlichen kriege, trotz analfabetentum und volkskammerwahlen, trotz sprechstunden der regierungsoberhäupter und all dem diplomatischen klimbim, trotz der vielen manifeste und völkerrechtlichen vereinbarungen ... ach, hören wir auf, für mich gibt es überall noch mächtige und ohnmächtige, hilflose und solchc, denen abgeholfen werden muß, denkende und gedankenlose, aufklärer und abgeklärte ... wobei ich keineswegs übersehen möchte, daß ich, was meine weltanschauung betrifft, ein unaufgeklärter bin, denn man läßt uns ja nicht in die welt hinaus. Ich wollte eigentlich nur sagen, daß mir die beschissenen probleme meines staates zwar zu füßen, aber nicht am herzen liegen ...

„Und der maßstab praxis?"

FAUST: Tja, das ist eben mein persönliches verhängnis: ich bin macht-, mittel- und somit wirkungslos, aber bei weitem nicht mut- und sprachlos. Ich will noch einiges wagen, mehr kann ich nicht versprechen ...

„Woran arbeiten Sie jetzt?"

FAUST: An mir, woran sonst?

Siegmar Faust wurde 1944 in Dohna geboren und wuchs in Heidenau bei Dresden auf. Als Arbeitersohn zunächst vom Regime gefördert, studierte Faust in Leipzig Kunsterziehung und Geschichte. Später durfte er sogar die Schriftstellerausbildungsstätte, das Institut für Literatur „Johannes R. Becher", in der Messestadt besuchen. Doch die Loyalität zum SED-Staat währte nicht lange. Wegen seiner aufrechten und provozierenden Haltung wurde er zum zweitenmal zwangsexmatrikuliert.

Als Kellner, Elektrokarrenfahrer, Viskosewäscher, Sachbearbeiter, Motorbootfahrer, Aufzugsführer und Nachtwächter an der Deutschen Bücherei verdiente er seinen Lebensunterhalt. Zweimal, 1971 und 1974, wurde er wegen sogenannter „staatsfeindlicher Hetze" inhaftiert und 1976 von der Bundesregierung freigekauft, nachdem sich Organisationen wie „amnesty international", „Arbeitsgemeinschaft 13. August", „Internationale Gesellschaft für Menschenrechte" und der 1982 verstorbene marxistische Regimekritiker Prof. Robert Havemann für seine Freilassung intensiv eingesetzt hatten.

Faust lebt zur Zeit als Drehbuchautor, Vortragsredner und freier Schriftsteller in St. Martin in der Pfalz.